おがっちの韓国さらん本

사랑

本当に知ってほしい！韓国の話

おがっち著

カバーイラスト
本文挿絵　たかはしちかえ

はじめに

はじめまして。ローカルフリーアナウンサー、おがっちです。

私はエフエム山陰「おがっちのレトロ本舗」DJ、山陰各局の番組プロデュース、レポーター、司会、CM出演の他、コミュニケーション講座や日韓相互理解交流講座などの活動をしてきました。

韓国エンターテインメントも大好きですが、韓国をもっと知りたいという想いとは裏腹に日韓の間には歴史的な問題があり、さまざまな偏見も見受けられます。

竹島の問題、慰安婦の問題、北朝鮮からのミサイル問題…。これから日韓関係が良い方へ向かうのかと思ったら、徴用工の問題やレーザー照射問題などが続き、うまくいきそう、でもダメという繰り返しは、私が韓国に携わってから何度もありました。

日本と韓国が常に何かしらの問題を抱えていることから、否定的な意見や「国交断絶」を訴える方も多くいらっしゃいます。確かに、問題自体は少なくありませんが、メディアやネット上の情報だけを振りかざし、多方面から韓国という国を理解しようとしない状態での考えや主張は正しいと言えるのでしょうか。多くの方が本当の韓国を知らないままネガティブな意見を持つことは、韓国と多くの関わりを持つ私にとって、非常に残念なことです。

山陰地方はエアソウル（米子鬼太郎空港—仁川国際空港の直行便）の他、DBSクルーズフェリー（境港—東海）のルートもあり、今や空・海どちらでも簡単に韓国に行くことができます。

しかし、何となくあるイメージの悪さから一歩を踏み出せずにいる人が多くいます。韓国について、まだまだ知られていないことが多いのです。

第3次韓流ブームと言われる今、韓国の印象は大きく3つに分かれています。それはK—POPや韓国ドラマが大好きで好意的な印象を持っている層、韓国に対して反感を持ついわゆる「嫌韓」層、反日報道などの影響から、ネガティブだけど本当はよく分からないという層です。

まず必要とされるのは、韓国を知って、理解することです。そこで、今よりもっと韓国を身近に感じてもらうためリアルな情報を伝える本を制作し、〝本当の韓国〟をたくさんの人に知ってもらいたいと思うようになりました。

本書のキーワードは「韓国あるある」、「文化に感動する心に国境はない」です。本当に韓国ドラマのような生活をしているのか？　韓国エンタメになぜ魅かれるのか？そんな疑問もクリアにしていきます。

前述した通り、日本と韓国の間にはいくつかの問題が横たわっています。歴史問題、領土問題などは一筋縄にはいきません。ただ、問題解決への糸口は「相手を知ること」、「相手を理解すること」にあると思うのです。

だからこそ〝本当の韓国〟を伝えることが大事になってくるのではないでしょうか。本書をきっかけに一人でも多くの方が韓国を訪れ、ひいては日韓相互理解につなげていくことができたら幸いです。

ローカルフリーアナウンサー　おがっち

もくじ

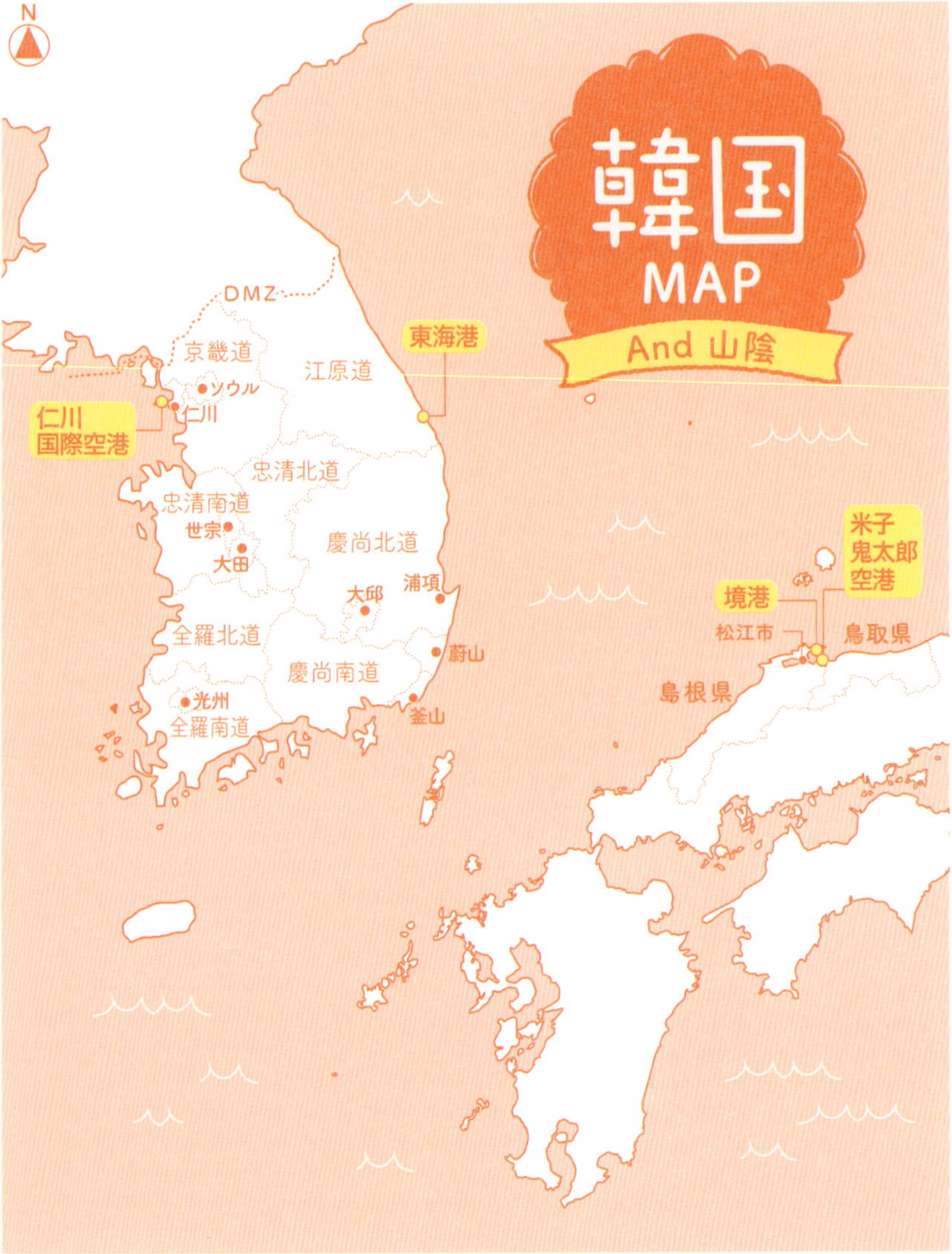
韓国
MAP
And 山陰
N
DMZ
京畿道
江原道
ソウル
仁川
仁川
国際空港
東海港
忠清北道
忠清南道
世宗
大田
慶尚北道
浦項
大邱
全羅北道
慶尚南道
蔚山
光州
全羅南道
釜山
米子
鬼太郎
空港
境港
松江市
鳥取県
島根県

第1章　韓国との出会い

それは、雷に打たれた瞬間でした。２００1年の秋、**「JSA―共同警備区域」**という1本の韓国映画を観ました。ビビビッ。はい、稲妻のように私の心を突き抜けました。

観終わった感想は、「なに？　なんなの韓国映画!?」と叫びたくなるというものでした。やるせなさが心の真ん中に居座ったような、そんな後味の映画だったのです。

北朝鮮と韓国の境界線「ＪＳＡ」は、それぞれの兵士が国を守り銃を持って対峙している緊張状態の場所。そこで、数発の銃声が響き、事件が起こります。

北と南の兵士、どちらが撃ったのか？　食い違う証言から探っていくと、許されざる友情がそこにあった。敵と味方なのに。まだ20代の若い男性なのに。その笑顔には敵も味方もないはずなのに。ああ、やるせない（号泣）。南北分断とかよく分からないけれど、深い深い悲しみが朝鮮半島にはあるのだと漠然と感じました。

映画の中で「トワジュセヨ（助けてください）」と泣きながら訴えるその深く哀しい目をした兵士。笑顔もなんだか悲しみに溢れた表情の兵士。うひひと幼い少年のように笑う兵士。この兵士は誰!?　誰なんでしょう！　どんどん役者の目に魅きこま

「JSA―共同警備区域」
２０００年、パク・チャヌク監督。JSAとは朝鮮半島を南北に分けた境界線にある共同警備区域のこと。そこで起きた武力衝突事件で、両国の兵士の証言が相反する。事件の核心に迫るにつれ、両国兵士の間にある、思いがけない真実が明らかになる。

れていったのです。

「シュリ」（日本公開2000年）が公開され、韓国映画がおもしろいと巷で話題になった頃、トレンドは押さえておかないとくらいな気持ちで「JSA」を観たのですが、当時は韓国について全く知らない状態でした。知らずに観てゴメンね。何よりこの光る哀しい目をしているこの俳優さんに失礼だったわ…。そう、この哀しい目をした兵士を演じていたのがイ・ビョンホンでした。

よし、韓国のことを知ろう！　映画や彼の演技を見て決意しました。

イ・ビョンホンとの出会いが、韓国への扉を開けてくれたのです。


それからというもの、私は韓国映画に魅了されていきました。ですが、2001年当時、韓国映画は地方ではなかなか劇場公開もされず、ビデオのレンタルショップにはまだ韓国映画コーナーもありませんでした。「アジア映画」（主に香港映画）のコーナーにあったコリアンエロス映画の中から、必死に探した（エロスではない）**「八月のクリスマス」**（主演ハン・ソッキュ、シム・ウナ）、**「グリーンフィッシュ」**（主演ハン・ソッ

「シュリ」

1999年、カン・ジェギュ監督。韓国諜報部員が活動中に情報源の人物が狙撃される。捜査を進めるうち北朝鮮の女性工作員の関与が疑われた。北朝鮮工作員と韓国諜報部員との悲恋が描かれる。アクションシーンも高く評価された。


「八月のクリスマス」

1998年、ホ・ジノ監督。写真館を営む青年は不治の病を抱えていた。ある日、駐車違反取締員の女性が写真を拡大してほしいと来店し、二人は次第に関係を深めていく。儚い恋を描いたラブストーリー。2005年、「8月のクリスマス」として日本でリメイクされ、山崎まさよしなどが出演した。


「グリーンフィッシュ」

1997年、イ・チャンドン監督。除隊して間もない青年が実家に帰ると状況が変わってしまっていた。女性がきっかけで組織に誘われてしまう。闇社会に足を踏み入れてしまう男を描く。

キュ）、**「ペパーミント・キャンディ」**（主演ソル・ギョング）、**「われらの歪んだ英雄」**、**「魚と寝る女」**、**「アルバトロス」**（主演イ・ジョンジェ）、**「豚が井戸に落ちた日」**（脇役でソン・ガンホが出演）などを観まくりました。

　手当たり次第に観たこれらの映画、タイトルはなんだか良さそうなのに、内容は重い、暗い、しんどいの三重苦でした。なんなの韓国映画!?

　例えば、「ペパーミント・キャンディ」はかわいいタイトルなのに、まさかのトンデモ映画でした。最初のシーンで主人公ソル・ギョングの物凄い断末魔の顔が画面いっぱいに映し出され、叫び声が響き渡ります。いきなりインパクトが強すぎて、うぉ〜!!　となるのです。最初からすでにやるせない思い満載です。

　これらの映画を観て思ったのですが、例えば日本映画の暴力シーンでは、「殴るぞ」と拳を振り上げたところで次のシーンに変わり、相手はボコボコに殴られていて、ああ、すごく殴られたんだなとこちらに感じさせてくれますよね。

　ですが、韓国映画に、「あとは想像してください」と省略する演出はありません。とにかく、ボッコボコに殴る殴る、血もドバドバ、汚物もまき散らす、人気女優でも

「ペパーミント・キャンディ」
　1999年、イ・チャンドン監督。仕事も家族も失い絶望していた青年が場違いな姿で現れたそこは、かつて初恋の女性と訪れた場所だった。韓国現代史を背景に、ある男性の20年間を描いた人間ドラマ。日韓合作。

「われらの歪んだ英雄」
　1992年、パク・チョンウォン監督。ソウルから田舎の小学校に優等生の少年が転校する。そこでは級長が君臨し、権力を手にしていた。少年は反抗を試みるが…。やっぱり最後に権力が勝つのか!?

「魚と寝る女」
　2000年、キム・ギドク監督。釣り堀の管理人をしながら身体を売る孤独な女の前に、ある男が現れる。彼は恋人を殺した末、死に場を求めているという。二人の間に微妙な感情が芽生える。情念たぎる愛を詩的に描いた作品。痛い痛い、とにかく痛々しい!

容赦なく殴られ蹴られ、拷問シーンも延々続きます。あとは想像させて！　と言いたいくらいだけど、これでもかと見せられ続けます。情け容赦ありません。うう、今度は痛い、辛い、しんどいの三重苦じゃないのー！　決して愉快痛快ではありません。なんなの韓国映画!?　やるせない後味映画！　日本の映画がなんだか甘っちょろいとさえ思えてしまうくらいの、とんでもないリアルさに、むしろ無性に魅かれるわーとなりました。日本ではありえない演出（シーン）が、逆に韓国映画では当たり前なことがおもしろくなってきました。

レンタルビデオは一通り観てしまったので、インターネットの韓国映画のショッピングサイトでイ・ビョンホンのデビュー作**「誰が俺を狂わせるか」**のビデオを買いました。届いた包みを開けて驚きました。新品を買ったつもりが中古のビデオ、しかも、ずっと店先に置いてあったであろう、表紙が色褪せ、ビニールも半分破けているのです。なぜ新品ではないのかと普通なら怒るところですが…きっと、１９９５年当時のビデオの新品などもう店頭には置かれていないのだわ。わざわざ日本からビデオの新品の注文があるなんて夢にも思わず、担当者が慌てて中古ビデオ屋に行って買い求め

「アルバトロス」
１９９６年、イ・ヒョクス監督。友人であり恋敵でもあった二人の青年が朝鮮戦争で敵対。北朝鮮で捕虜になった韓国軍の青年は、強制労働と拷問に耐えながら、脱出の機会を窺う。この映画は韓国軍による反北朝鮮のための広報映画でもある。残虐シーンが苦手な方は要注意(特にネズミのシーン)。

「豚が井戸に落ちた日」
１９９６年、ホン・サンス監督。とある売れない作家を主人公に、現代の都市社会に生きる4人の男女の孤独と愛を描いたドキュメンタリードラマ。ソン・ガンホ目当てで観ると、あらら!?って感じ。

「誰が俺を狂わせるか」
１９９５年、ク・イムソ監督。恋人と結婚するために夢を諦め、就職することになった青年(イ・ビョンホン)。しかし、有能な同僚と比較され無能扱いを受けてしまう。仕事も恋もうまくいかない男を描く。

たのだわ（全くの想像）。なんなの韓国映画界隈！　本編観る前からやるせなさ満載。やっぱり魅かれるわーとなりました。

その後、イ・ビョンホンの映画**「バンジージャンプする」**を購入したのですが、これはしっかり新品ＤＶＤで、しかも日本語字幕入り、**リージョンコード**がオール！のちに日本でビョンホンがブレイクすることを待っているかのようなＤＶＤなのでした。

こちらも甘い恋愛映画かと思うような表紙ですが、もれなく「えええっ…なんでだね…」とやるせなくなる作品です。なんなの韓国映画！　恋愛映画さえもしんどいなんて。ああ、もっと追求したいと思いは募るのでした。

韓国のことを知ろう

まだ、韓流ブームもきていない２００２年。何本も韓国映画を観て思ったのは、背景にある韓国の事情を知らないと、映画の本当のおもしろさは分からないということ。

「バンジージャンプする」
2001年、キム・デスン監督。とある雨の日、大学生の青年（イ・ビョンホン）は傘の中に突然入ってきた女性にひと目惚れをしてしまう。異色のラブ・ストーリー。

リージョンコード
DVDプレーヤーとディスクには、発売地域ごとに再生可能なリージョンコード（地域番号）が割り当てられている。リージョンコードがオールとは、全ての地域で再生可能となっているDVDのこと。ちなみに日本はリージョンコード2、韓国は3である。リージョンコードが違うと韓国DVDが日本で観られないので要注意。リージョンコードがオールのものをチェックしてご覧ください。

例えば、「ＪＳＡ」で、ビョンホン扮する韓国の兵士の「韓国に来ない？　**チョコパイ**がたらふく食べられるよ」とソン・ガンホ扮する北朝鮮の兵士に誘うシーンがあります。途端に不機嫌になる北の兵士はチョコパイを吐き出して、「北朝鮮が韓国やアメリカに勝る美味しいお菓子を作ることが夢だ」と言ってまたチョコパイを食べるのですが、私にはこのシーンの意味がよく分かりませんでした。

そこでいろいろお国事情を学ぼうと、韓国の国際交流員さんの講座に行ってみることにしました。とても真面目そうな男性の交流員さんで、講座は韓国の文化、歴史を紹介するものでした。芸能情報などのエンタメ要素は一切ありませんでした。

韓国の歴史やいろんな問題について真面目な質問がたくさん飛び交っていたなか、私も思い切って質問してみました。

「映画『ＪＳＡ』を観て、イ・ビョンホンが好きになりました。でも、韓国映画を観ても、その背景がよく分からないのです。私はもっと、イ・ビョンホンのことも韓国のことも知りたいんです！」と興奮しながら。

その真面目な交流員さんは何を言ってるんだろうこの人は、と戸惑った表情です。

チョコパイ
映画「ＪＳＡ」では、北朝鮮軍兵士がチョコパイを欲しがったり、韓国軍兵士が南への逃亡を誘う理由に「チョコパイ」を用いる場面が描かれている。２００４年、開城工業団地でおやつや残業代としても配られていたチョコパイが、北朝鮮国内で高値で売られるほど人気になった。
２０１７年にはＪＳＡから亡命した脱北者の兵士に対して、メーカーから生涯無料でチョコパイを購入できる権利が与えられたというニュースにもなった。

なんだかちょっと恥ずかしくなりました。

「あなたの興奮は伝わりました。私はイ・ビョンホンがどれだけすごい役者なのか分かりませんが、映画をそこまで興奮して観てくれていることに感謝します。役者さんや映画についてのアドバイスはできませんが、一つあなたに言いたいことがあります。そのＪＳＡ（板門店《パンムンジョム》）に実際に行ってみてください。その場所に立てば、いろいろ分かると思います。そこから始まると思います」と丁寧に答えてくださいました。

またまた、雷に打たれました。そうか、韓国を知るには韓国に行けばいいのか。

今思うと、あの時の交流員さんは本当にいいアドバイスをくださいました。

初めての韓国、ＪＳＡの舞台へ

時は２００２年、ＦＩＦＡワールドカップ（Ｗ杯）日韓共同開催の年。**アン・ジョンファン**が大活躍し、イナ（稲本潤一選手）かアン・ジョンファン、どっちが好き？　みたいな話が女子達の間で流行っていました。

初めて韓国に行くために下調べを、と思い本屋に行くと、このＷ杯で韓国の話題は盛り上がっていましたが、おしゃれな女子旅をリードしてくれる韓国ガイド本を探そうとしてもなかなか見つかりませんでした。

ふと手にしたのが、俳優の黒田福美さん著**『ソウルの達人』**という本でした。のちに私のバイブルとなる本です。この『ソウルの達人』を手に、初めての韓国旅へ向かいました。

交流員さんが教えてくれたあの「ＪＳＡ」の舞台・板門店へは、普通のオプショナルツアーのように、パスポートさえあれば事前に申し込んで行くことができます。一

アン・ジョンファン
1976年生まれ。元プロサッカー選手で、2002年FIFAワールドカップで韓国代表をベスト4に導いた立役者。

『ソウルの達人』
1997年、三五館刊。黒田福美&レッドペッパーズ著。実際に著者が歩いて体験した、韓国人も知らないディープなソウルのガイドブック。

日ツアーで、７万ウォン（約７０００円）くらいだったと思います。

ソウルから1時間ちょっと、およそ60㎞のところにある板門店に軍事境界線があります。１９５３年、朝鮮戦争休戦協定が調印された場所です。

ツアーの集合場所は明洞《ミョンドン》のホテル前でした。バスの中で、ガイドさんによる南北分断についての学習タイムが始まります。休戦協定以来、韓国と北朝鮮は軍事境界線（国境）を中心に南北それぞれ２㎞、つまり４㎞幅の非武装地帯（DMZ=DeMilitarized Zone）によって分断されているといったことを教わりながら、バスは北上していきます。

統一大橋を渡り、途中、道路がくねくねとなっている場所で、有事の際にはこの道路に積まれた爆弾が爆破され、封鎖されるようになっていると説明されました。うわっ、一般道とは全然違うことに驚き！　川沿いにはずーっと有刺鉄線、見張り所、有刺鉄線、見張り所が続きます。バスが停まると軍人さんが入ってきて、パスポートチェック&服装検査（ＪＳＡ板門店ツアーは、肌の露出の多い服装は不可、Ｔシャツや破れたジーンズも不可）を受けます。

チェックOKとなったら、キャンプ・ボニファス（国連軍の駐屯基地）へ。ここは国連軍兵士が駐屯しているので、いきなりインターナショナルな雰囲気になります。そして、道中何かあっても文句言いません的な宣言書を書き、しっかり南北分断の経緯や「**ポプラ事件**」などのお話を聞き、さあ、いよいよ軍事境界線・板門店へ。いよいよ映画で観たあの場所へ!!

青い会議場の前をバスで通りすぎます。ちょうど雪が降りはじめました。北と南、それぞれの兵士が寒い中、立って見張っています。緊張する場所です。バスから降りて、会議場の中に入ります。会議場内は撮影OKで、韓国軍の兵士とのツーショットも写せます。といってもサングラスをしておられるのですが、サングラス越しでもかっこいいです。

兵士の顔を覗くと、なんだかビョンホンに似ている気がします。というのも、ここに立つ方々は背が高く、ルックスも良いエリートが選ばれるんだそうです。

この会議場は半分が韓国、半分は北朝鮮なのです。会議場の中の北朝鮮領域に入ることもできます。窓の外にも北朝鮮の兵士が見張っています。緊張します。北の兵士

ポプラ事件
1976年8月18日に、韓国と北朝鮮の軍事境界線上にある板門店で発生した事件。共同警備区域内のポプラの木を剪定しようとした韓国軍兵士と作業者、アメリカ兵が朝鮮人民軍兵に攻撃され、2名のアメリカ兵が死亡、数名の韓国軍兵が負傷した。

と目を合わせてはいけない、カメラを向けてもいけない、指差しなどもってのほか！と厳しく言われているので、周りのツアー客も下を向いて目を合わせないようにしています。兵士のピリッとした空気に、こちらにも緊張が伝わってくる場所でした。

またバスに乗り、バスの中から「ポプラ事件碑」、「帰らざる橋」を見ます。

休戦協定が結ばれてから、この帰らざる橋で、捕虜の交換が行われたそうです。捕虜達は、「自分の行きたい方向に行きなさい」と言われ、この橋の上で南北いずれかを選択します。しかし二度と後戻りすることはできないので、帰らざる橋と名付けられました。映画「ＪＳＡ」では、この橋を何度も行ったり来たりするのですが、現実にはあり得ないことなんですね。悲しくなる場所でした。

キャンプ・ボニファスに戻ると、国連軍の軍人さんがたくさんいるので、欧米色が強くなり、少し緊張もとけました。ここで、軍人さんも使うレストランでランチをいただきます。よくある欧米のビュッフェスタイルでした。ＪＳＡ、ＤＭＺグッズなどを販売しているお土産屋さんもあって、私はＪＳＡのマグカップを買いました。

ここはツアーで申し込めば観光気分で簡単に行けますが、決して「楽しい場所」で

はありません。複雑な気持ちになりますが、訪れる価値があると思います。休戦状態とはいえ、戦争をしている国なんだということを痛感する場所です。

　この緊張状態がなくなる日はくるのだろうかと思ったのが、２００２年11月でした。あれから16年後の２０１８年、板門店で北朝鮮の金正恩《キムジョンウン》委員長と韓国の文在寅《ムンジェイン》大統領の握手シーンを見ることができるなんて思いもしませんでした。国を守る若い兵士達が、緊張状態ではなく幸せに暮らしてほしいと願うばかりです。

　大都会ソウルのきらびやかな部分だけ見ると、本当に戦争なんてしているの？　と思ってしまうけど、ソウルから1時間ほどのところに極度な緊張状態の場所がある、これが韓国。イ・ビョンホンの母国なんだ。もっと、もっと知っていこうと決意した初韓国でした。

韓流ブームがやってきた

それからは、韓国映画や音楽番組、コンサートや映画の舞台挨拶を観に行ったり、ビョンホンの旧事務所の方とお友達になったりして、何度も何度も韓国へ行きました。鳥取県の米子鬼太郎空港にはソウルへの直行便があります。山陰から海外に行こうとすると、まず都市部の大きな空港に行くまでに時間と費用がかかります。さらに空港も広いので、目的地に行くまでにクタクタ…、出国手続きも大変です。それに比べて米子鬼太郎空港から韓国に行こうとすると、手続きの手間は国内旅行とたいして変わらず、時間もかかりません。簡単に韓国に行けますし、韓国はホテルの宿泊料や食事代など物価も安く、グルメやショッピング、エステなども人気で本当に楽しめます。

そうこうしているうちに、２００３年４月、ペ・ヨンジュン＆チェ・ジウ主演、ドラマ**「冬のソナタ」**がＮＨＫ－ＢＳで、翌年にＮＨＫ総合で放送され、やってきました、冬ソナ、ヨン様ブーム！　たしかにチュンサン役のヨン様は良かったけど…ビョンホンファンの私は浮気しないわよと思いつつも、しっかり冬ソナの世界に涙してい

「冬のソナタ」
２００２年放送。春川(チュンチョン)に住む女子高校生(チェ・ジウ)。ある日、バスで男子高校生(ペ・ヨンジュン)と出会う。彼は同じクラスに転校して来て…。韓流ブームの火付け役となった、儚い純愛物語。

ました。周りの友達からも、「冬ソナ観た？」、「ビデオにダビングしたの貸して！」、「あの主題歌の入ったCD持ってる？」と冬ソナについてどんどん聞かれるようになりました。テレビでもヨン様の来日でたくさんのファンがお出迎えしたことがニュースになりましたね。

そして冬ソナの次は、**ウリ**・ビョンホン（私達のビョンホンの意：韓国ではファンになると、スターのことを親しみを込めてこう呼びます）＆チェ・ジウ主演、ドラマ**「美しき日々」**がＮＨＫ－ＢＳで放送スタートしました。それまで韓国に興味がなかった友達からも「ビデオ貸して」、「サントラ（韓国では**OST**と呼ぶ）貸して」と次第に言われるようになり、私がずっと好きだったイ・ビョンホンが、ヨン様の次に有名になる日がやってきました。ほとんど誰にも知られていなかったビョンホンが、「ミンチョル室長（「美しき日々」の役名）すてきー！」ともてはやされるようになったのです。通っていた韓国語教室の受講生がそれまでは2人だったのに、一気に10倍になりました。韓流ブームがやってきたのだと実感しました。

ウリ
「私達」という意味の韓国語。韓国では自分と親密な関係をあらわす際によく使われる。ウリナラ（我が国）など。

「美しき日々」
2001年放送。韓国音楽業界を背景に、運命的に出会った4人の男女の様々な恋模様が描かれる。日本では2004年に「冬のソナタ」の後番組として放送された。

OST
オリジナル・サウンド・トラックの略。

イ・ビョンホンファン島根第1号

ウリ・ビョンホン（私達のビョンホン）がまだ有名になる前の２００２年、インターネットで検索していると「ビョンホンサイト」という私設ファンクラブにたどり着きました。掲示板でファン同士が会話するサイトでした。早速「島根のビョンホンファンです」と書き込みすると、なんと「島根県第1号ですよ！」と言われたので、私は栄えあるイ・ビョンホンファン島根第1号になったのです！（涙目）

そして初めて、ファンのオフ会とやらに参加してみました。ネット掲示板のオフ会なるものも初、ビョンホンファンに会うのも初でした。参加者は15人くらいだったでしょうか。ネットでしか会話したことのない方にお会いするのはドキドキでしたが、みなさん、ネットでの印象通りに良い方ばかりでした。丁寧な話し方で、でもビョンホンの魅力は熱く語ります。ビョンホンのグッズや映像作品などをいただいて、ファンのオフ会ってなんて楽しいの！　と思った時間でした。

「美しき日々」の日本放送開始により、一気に全国的にファンが増えましたし、もちろん島根にも何人もファンがいるようになりました。最初は数十人くらいだったビョンホンサイトの登録者もあわせてどんどん増えていきました。私は初期からのファンだったので、ビョンホンサイト中国四国支部長を任命されました。その時の大きな仕事が、100人以上規模の中国四国地方のオフ会をすること。当時、ビョンホンがお世話になった人に会いに、よく東広島に来るという話を聞いていたので、会場もビョンホンが来たことのある東広島のレストランにしました。

ネットでのやりとりだけでしたが、広島や島根でお手伝いしてくれる人もすぐにたくさん集まってくれて、ビョンホンファン仲間ってなんてすてき！　と思ったのでした。みなさんのおかげで、大規模な100人オフ会も無事に開催できました。

実は、ビョンホン本人もこのオフ会に参加したいという連絡があったのです。もちろん生ビョンホンに会いたかったのですが、100人以上のファンがレストランに集結している中で、警備がどうなるのか分かりませんでした。スタッフもお手伝いで来てくれている方ばかりなので警備のプロではありません。万が一、事故やケガがあってはいけませんし、広島だけビョンホンが来たなんてことになると、他の地域のファンの方が悲しむのでは、とファン心理を考慮して丁重にお断りしました。

それからはビョンホンの人気もうなぎのぼりに上昇したので、事務所公式のビョンホンのファンクラブサイトが立ちあがり、私設のビョンホンサイトはほどなく解散となりました。ビョンホンの日本活動創成期に、少しでも盛り上げるお手伝いができたのでは、と今でも幸せな思い出になっています。

いまだにビョンホンサイトで知り合った全国各地のお友達は、私が行けばすぐにみんな集まってくれます。ファンサイトをきっかけに、たくさんの友達ができました。かけがえのないご縁をつくってくれたビョンホンには、感謝の気持ちでいっぱいです。

第２章　韓流と竹島のはざまで

２０００年代初めの頃は韓国の話をしても誰も興味を示さなかったのに、冬ソナブーム到来により、一気に韓国の話題が花盛りになってきました。

そんな韓国ドラマからいろんなことを知ろうと、当時の韓国の国際交流員のイ・スネさんや韓国語を習っている友達と「韓国サランへ会（愛する会）」を作り、ドラマの背景を教えてもらったり、韓国料理を習ったり、韓服を試着させてもらったりして、月に一度は集まっていました。

テレビでもどんどん韓国ドラマが放送されるようになりました。ここで、韓国通のフリーアナウンサーの出番です！　ラジオでも初めて「冬のソナタ」の主題歌、ryuが歌う「最初から今まで」（韓国語バージョン）をオンエアしました。このような試みは初めてでした。

韓国のアーティストが日本で音楽活動をする場合、日本の市場を考えて日本語で曲を歌います。韓国語で歌う曲は、日本ではなかなか受け入れられませんでした（詳しくは第11章参照）。洋楽なら、日本でも英語はある程度普及していますし、カッコいいという印象をもたれますが、当時の日本ではまだまだ韓国語への親しみはなかったのです。

それまでは、ラジオでも韓国語の曲を流すことはなんとなく遠慮している感じでしたが、冬ソナブームにより、そのムードは一転しました。あのピアノのイントロ、切ないryuの歌声、冬ソナファンの女性達はうっとりと聴いたものです。私も何度聴いたことでしょう。

「ネゲオルスオプスルコラゴ　イジェンクロルスオプタゴ…」

とにかく韓国語で歌いたくて、意味も分からず、カタカナで歌詞を書いてそのまま覚えた韓国語の歌。こんなことは、英語で歌詞を覚えたカーペンターズの「イエスタデイ・ワンス・モア」以来でした。ブラボー、冬ソナブーム！　です。


さあ、これから米子—ソウル便を使って「冬ソナ」ロケ地ツアーに行ったり、「美しき日々」ロケ地ツアーに行きましょう！　そうだ！　この際、島根県にビョンホンを呼ぶイベントをしよう！　韓国のＳＭＡＰと言われた「神話《シンファ》（SHINHWA）」というアイドルグループがいるのですが、神話つながりで、「神話」を「神話の国・出雲」

に呼ぼう！　などなど、たくさんの韓国と島根の関連イベントを企画して、一人わくわくしていました。冬ソナブームにより、これまで遠くに感じていたお隣の国韓国が近くなる！　わくわく。たくさんの企画書を書きました。わくわく。

さあ、あとはこれをいろんなところに持って行き、ビョンホンの事務所にも連絡をとって進めていきましょう。日韓が近くなりますよー、わくわく。

そう思っていた矢先です。

２００５年3月16日、島根県議会により、２月22日を竹島の日とする条例が制定されました。

「竹島の日制定」のニュースが飛び交い、韓国側から猛反発がおこり、公の交流が中断され、付随して民間レベルの交流活動も一切、途切れました。

全部、中止、中止、中止…

これから、どんどん、仲良く…

え？　断絶？　え？　中止、中止、断絶、断絶…

さすがにこの時は、民間交流までも一切途絶え、自分の企画書が全部白紙になったことがショックでした。もう何をしていいのか分かりませんでした。

2月22日、竹島の日の島根県庁付近は、物々しく異様な雰囲気の場所となります。「竹島返せ!」と大音量のスピーカーでがなりたてる街宣車が市街地を走り回り、多数の警察官が列をなして警備を強化し、バリケードで道路が封鎖されます。韓国からやって来た活動家は派手なパフォーマンスを繰り広げ、小競り合いがあったり、それを取材する世界各国からのマスコミのカメラやレポーターが奔走し、日頃静かな松江市がとにかく大騒ぎになる日なのです。

式典には政治家や関係者の方々、その他一般公募の抽選で選ばれた方々が参加しています。会場にある看板を見ると、「『竹島の日』記念式典、竹島・北方領土返還要求運動県民大会」と書いてあるではありませんか。県民大会だったの!? 会場は空港の危険物検査でおなじみの金属探知機を通らないと、中に入ることができないほど厳しく警備されているのです。

ですが、私の周りの人達に竹島について聞いてみると「2月22日? 猫の日でしょ」、

「竹島の日？　ああ、県庁付近が大渋滞するけん、迂回せんといけん日だね」という軽い答えが返ってきます。また周辺の道路は大渋滞しますので、一般市民にとっては、「県庁付近が街宣車で渋滞する日」、「騒がしくて物々しい日」としても認知されているのです（県民大会なのに！）。とにかく、これだけ各方面で注目されているのですから、いがみあうのではなく日韓が交流できるイベントや屋台などの楽しい場所ができるといいのにね、と友達と話していました。

行政と民間の竹島に関する温度差は、島根県でも感じられます。韓国ドラマが好きな人も領土問題に対しては関心が低いのです。この温度差ってどげかね！（どうなの）と思い、「おがっちの韓国さらん公開講座」を２０１３年から行うことになるわけです。みんなで、韓国のことを知ろう！　まずは、知ることでしょう！

でも、そんな気持ちになるまで、まだ時間がかかりました。

竹島の日が制定されてからは、しばらく韓国に行けませんでした。というか、行く気になりませんでした。

なぜかというと、韓国の人は島根県のことが嫌いなのではないかと思ってしまったからです。ニュース映像を観ると、韓国側の猛反発しか報道されません。日本叩きの記事ばかり目にするので、気持ちも落ち込みます。あらゆる否定的な記事が目に入るわけです。

日本武道館で行われた韓流イベントで、会場を写した写真の「日の丸」が問題になったことがありました。え、そんなに韓国では、日の丸がだめなの？

韓国では旭日旗をはじめとする日本帝国主義を象徴するマークや服が、公共の場で禁止とされる法律もあるのです。「旭日旗」と「日の丸（日章旗）」はもちろん異なるのですが、もう何でもバッシング材料になってしまいます。とあるＫ－ＰＯＰアーティストが赤と白の放射状になった模様のＴシャツを着ていただけでもバッシングされますし、ツアーで日本にやって来て、富士山の被り物を被った写真をＳＮＳにあげただけでバッシングされたアーティストもいます。え、富士山でもだめなの？　この被り物、「日本一」という文字のバックに、ちょっとだけ赤と白の放射状の模様があるだけでした。もう、バッシングの範囲が分かりません。でも、韓国の歌手がＮＨＫ紅白歌合戦に出場したり、オリコンで1位をとったりすることは、韓国で大きなニュースになって褒め称えられているのですよ。

とにかく、旭日旗と日章旗の扱いをよく理解した上で、韓国とはやりとりをしないといけないわけですね。

韓国ドラマや映画や音楽に触れ、日本でのライブには参加していたものの、そんなバッシングのニュースばかりが目に入り、韓国へはすっかり行かなくなっていました。

そんな中、新たな出会いがありました。

島根県と韓国の慶尚北道《キョンサンプクト》との姉妹提携は竹島の日条例の影響により中断していますが、民間交流は続けられています。県の国際交流員さん企画の韓国理解講座の研修旅行では、毎年のように慶尚北道を訪れ、ホームステイが続けられているのです。

私の韓流好きの友達がその講座に参加して、慶尚北道にホームステイしたことがありました。その時にホストファミリーをされていたキム・ボンスンさんの話が本当に楽しそうで、ボンスンさんが松江に来られた際に私も紹介してもらいました。私達はすぐにお友達になりました。次第に、私も慶尚北道浦項《ポハン》市へ関心を持つようになりました。

ボンスンさんは、日本好きで日本語も勉強しています。ボンスンさんが当時経営していた観光バス会社の旅行客には70歳以上のおばあさんが多いらしいのですが、そのおばあさん達の日本語が堪能で、自分も負けてはいられないと、大学に入って日本語を学ぶことにしたそうです。60歳にして女子大学生！は韓国の地元のテレビでも話題になったらしいです。

ボンスンさんは、この研修旅行のホストファミリーとしてたくさんの人を受け入れてくださったということで、島根県から感謝状も贈られています。

このボンスンさんとの出会いから、また韓国への興味が湧いてきたと言っても過言ではありません。

２０１０年からまた、韓国へ頻繁に行くことになります。

これから何度もお世話になるボンスンさんと

久しぶりの韓国へ

国際交流員の方を除いて韓国の方とお話しするのはボンスンさんが初めてでした。とにかくおしゃべりが好きで、韓国にいらっしゃいと熱心なお誘いをいただきました。また韓流仲間から、鳥取県境港発の船旅で韓国に行ってみようという提案があり、竹島の日制定から４年ぶりに韓国を訪れることになりました。正直言うと、この時はまだ不安な気持ちもありました。

ですが、以前から興味があった「船旅」ということと、「地方」という未知なる領域にも関心があったので、今までとは違う視点で韓国に触れられることに期待して行ってみることにしました。浦項市では、ボンスンさんがホストファミリーとして迎えてくださいました。

２０１０年12月、午後５時に境港国際ターミナルに集合です。初めて、海路**ＤＢＳクルーズフェリー**で、韓国は江原道《カンウォンド》東海《トンヘ》へ向かいます。運行船舶は、境港—東海—ウラジオストクを１週間で周っている国際定期便イースタンドリーム号です。

ＤＢＳクルーズフェリー　韓国の東海を基点に、日本の境港、舞鶴港を結ぶフェリーを運行する。ロシアのウラジオストク港を結ぶ航路もある。

出発地点の境港国際旅客ターミナルは、とってもこじんまりしています。リュックを背負った乗船客が続々集結します。韓国からの団体客で、大山登山ツアーに行ってきた方々でした。突然、韓国のアジョシ（おじさん）が話しかけてきて「食券を買わないか？」と言われました。

「団体」は、あらかじめ食費込みで申し込んでいるので、食券が配られているそうです。アジョシは、それを団体客でない私達に売ろうとしていたわけですね。

食券は1000円なのですが、そのアジョシから半額の500円で購入しました。船旅は初体験なので、せっかくなら食事もそのレストランで食べてみましょう。

イースタンドリーム号に入船しました。シャンデリアが大きくて豪華客船の雰囲気です。目につくのは、韓国語とロシア語の案内板。日本語表記がなんだか少ないと感じました。

そういえば、船での旅は飛行機のように荷物の重さとかは気にしなくてもよかったのですね。手荷物を預けるわけでなく、自分で管理するんですね。廊下や通路にも荷物がいっぱいでした。

イースタンドリーム号で初めての船旅へ

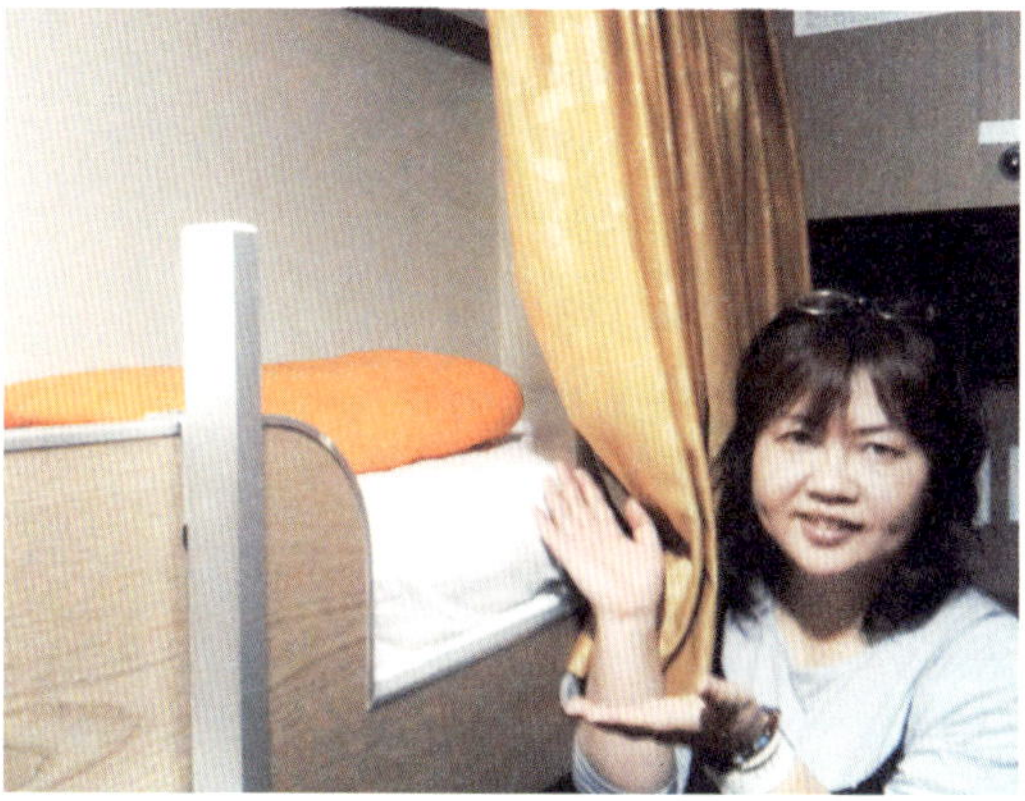

泊まるお部屋（二段ベッドですが）

私達のエコノミークラスは、二段ベッドでした。カーテンで仕切られているので、着替えもできます。それでも正座したら頭がつかえるくらいの高さです。

この船は午後7時出港ですが、予約客が集まったらとっとと出港するらしいです。定時より早くても。韓国あるあるですね。バスも予定時刻より早く出発することがあるんですが、まさか船もとは思いませんでした！

お楽しみの船内のレストランへ。ビュッフェスタイルですが、おかずの種類は多くないように思いました。先ほど食券を売ってくれたアジョシは、「味はどうかな」と言っていました。キムチは分かるのですが、その他なんだか分からない食べ物が結構あります。ミートボールかと思ったら魚肉の煮物だったり、ナムルはごま油風味かと思ったらカレー味だったり、イカだと思ったものは白い野菜（?）だったり、サラダのドレッシングはイタリアンでも和風でもマヨネーズでもなく、何味かというとなんとも言えず…とにかく味がついていました。韓国料理というよりも、多国籍料理という感じでした。なんにせよ、マッコリで乾杯です。

出港時間の午後7時にはほとんどの人が食べ終わり、スタッフの方がどんどん食堂の片付けをしていきます。客がいようがいまいが、関係なくどんどん片付けていきます。まるで追い立てられるようです。

まだ境港の湾内にいるのですが、すでに船内は異国ムード満載で、雰囲気はまるで「タイタニック」のレストラン（笑）。テンションが上がってきます。

このＤＢＳクルーズのスタッフの多くは韓国の方のようですが、食堂のサービス係の方は、韓国語ではなく英語を話す方ばかりでした。日本語を話すスタッフもいましたが、サービス係の女性は無愛想でした。韓国あるあるですね。

自販機の水はすでにウォンで購入しないといけません。小さいコンビニエンスストアもありました。

船内では韓国ウォンが基本ですから、案内係の人に両替してもらいます。１００円＝１０００ウォンです。

日本人は、ざっと見ても、私達だけのようです。

8割が韓国人、1割がロシア人、あと日本人と欧米人といった感じでしょうか。韓国の団体旅行客がほとんどです。

早速、団体客のアジュンマ（おばさん）と韓国語で会話してみました。

「大山《だいせん》はいいところで、登山もおもしろかったわ〜」

「亀尾《クミ》から来たのよ、会社の団体旅行でね」

「韓国の山をだいたい登ったので、日本の山にも興味があったのよ。鳥取は楽しかったわ」

「船には酔わないわよ。なぜかというと、耳の後ろにシールを貼っていて、これが酔い止めの薬なのよ。あなた、持ってる？」と見せられました。

これには驚きました。みなさん、シール式酔い止め薬（ピップエレキバンのような）を持っているのです。ざっと見渡しても、韓国の方はほとんど船酔いしていないではないですか。日本人は若干名、すでに酔っていました。

外洋は激しい波で、確か4ｍくらいだったと思いますが、まっすぐに歩けないほどでした。これは酔います！　早く寝たほうがいいです！

明け方、目が覚めると、波もおさまっていました。もうすぐ朝日が昇るようです。甲板で見事な日の出を拝み、写真を撮りまくりました。

ほどなく、東海港が見えてきます。

午前９時。江原道東海市のこじんまりしたターミナルに到着しました。

船を降りると、入国手続きです。出国の時にほとんどノーチェックだった荷物は、ここではしっかりと調べられます。

ロシアの方が自転車で降りてきました。これから自転車で韓国を周るそうです。船だったらＭＹ自転車も積めるのですね。韓国をＭＹ自転車で走るってのもいいかもしれません。

この東海ターミナル、あまり日本語表記はなかったのですが、日本語で話しかけてくれる売店のアジュンマはいました。東海は静かな港町でした。そしてバスターミナルへ移動します。

韓国はバスもせっかちです。

午前10時30分発のはずなのに、とっとと5分前には出てしまいます。本当に気が早いです。なので、コーヒーを買っていたり、写真をのんきに写していたらあっさり置いて行かれます。連れのお友達に必死に引きとめておいてもらうことが大事です。韓国で何度もバスに乗りましたが、だいたいそのパターンでした（笑）。「キダリセヨー（待ってください）」と言うと、待っていてくれます。

浦項バスターミナル行の高速バスは海岸線を3時間ほど走ります。

海岸線は、ほんとに気持ちいいのです。海水浴場や海の家や漁村を通り過ぎ、大きいカニがついてる看板（日本にもよくありますが）が並んでいます。そういう海岸道路がなんともいい風情です。この風景を味わえるバスの旅もおすすめです。

途中、休憩所（のような食堂）で、お昼ご飯です。おばちゃんとおばあちゃん2人でやっておられました。ここではビビンバと韓国ウドンを食べました。こういうところは、メニューも韓国語だけで日本語が通じないのです。いよいよ韓国キターッって実感します。

おばちゃんが、「おばあちゃんには内緒だよっ！」と言って、私のビビンバに、ご

おだやかな東海港

韓国ウドンは和風出汁ではなくさっぱりとした味付けで美味しい

こじんまりしたバスターミナル

ま油（たぶん、すごく上等）をかけてくれました。韓国のごま油はごま感が少なく、とっても美味しかったです。

韓国ではバスターミナルがたくさんあって、高速バスが縦横無尽に地方を走っています。日本の多くの高速バスにはトイレがありますが、私は韓国でトイレ付きのバスに乗ったことがありません。ですから、休憩所でトイレ休憩なわけです。高速道路を通る場合はサービスエリアがありますが、一般道を走る場合は、こういう食堂があって何でも売っているお店で休憩なのです。だいたいどこもやや暗い雰囲気で、近代化していない感じが嬉しいです。

そうそう、韓国の観光バスの中には、トイレットペーパーがいい感じにつるしてあることもありました。

トイレ休憩に行く時にまず、このペーパーをくるくるちぎって、そのまま持っていくのですよ。トイレに紙がない場合もありますからね。なんかこぼしたものを拭いたりするのにも便利ですしね。

通路上にトイレットペーパーが

ティッシュの箱は、あまり韓国では見ませんね（といっても最近は増えてきました）。日本ではどこの旅館の部屋でもティッシュの箱が置いてありますが、韓国（特に地方）では、旅館の部屋でもトイレットペーパーがどんと置いてあることが多いです。さすがです。

境港からＤＢＳクルーズフェリーが出ているのですから、どんどん乗ってみてほしいですね。豪華な船旅もいいですよ。私は二段ベッドの席でしたが、テレビ＆ゴージャスなベッドの付いた個室もあります。シャワーや共同浴場もあります。

まったく韓国語ができない方は戸惑うことがあるかもしれませんので、ガイドさんのいるツアーを申し込むといいですよね。でも何が起こるか分からない、こういう冒険スタイルの個人旅行も楽しいですよ。

第3章　初めての浦項、初めてのホームステイ

浦項《ポハン》

おがっちのオススメ

浦項のおいしいもの

ヘムルチム

エビ、カニ、貝などの盛りだくさんの海鮮を甘辛く蒸した料理

浦項の人気スポット

浦項運河

昔の水路と生態環境を復元した浦項運河にはクルーズ船が走っています。全長1.3㎞を40分ほどかけて、ゆっくりと水路から浦項の街が見渡せます。

▶お問い合わせ先

浦項市国際協力観光課 +82-54-270-3713
HP https://www.pohang.go.kr/japan/index.do

慶尚北道の浦項市は人口およそ51万人。韓国最大の製鉄所「POSCO」があり、製鉄が盛んな湾岸都市です。実は、島根ととてもご縁があるところなのです。

浦項市のシンボルキャラクターは「**ヨノランとセオニョ**」。新羅の国の月と太陽の神様で、この浦項から日本の出雲へ渡ったという話が韓国の古い書物『**三国遺事**』に書かれているそうです。浦項には、昔の日本人街が残っていることもあり、日本人をとても歓迎してくれる街です。

早々に今回ホームステイさせていただく、ボンスンさんのお宅へ向かいます。

ボンスンさん宅は浦項の街中にあります。

早速、「ささ、お茶飲みましょう」。

お客さんが来たらまずお茶を出すところは、日本も一緒ですよね。「さささ、はやはやっ！（早く早く）」みたいな感じで。

コーヒー（見た目はブラックっぽいのに、すでに甘い）と、豆のお菓子とリンゴ（お茶とあわせて絶対出てくる）を載せたパプサン（ちゃぶ台）を丸ごとお台所から持ってきてくれます。おお！　韓国ドラマみたい！　と感動します。

ヨノランとセオニョ

新羅の時代、ヨノランとセオニョという夫婦が今の浦項のあたりに暮らしていました。あるとき、ヨノランが岩に乗って流され、出雲の国にたどり着きました。人々に温かく迎えられたヨノランは、米や鉄作りなどを伝え、神様と慕われました。その後、セオニョも岩に乗って出雲の国にたどり着き、再会を喜びました。セオニョは、絹織りの技術を伝え、二人とも慕われました。

一方、太陽が隠れて真っ暗になってしまった新羅の王様は、二人に帰ってくるように伝えましたが、ヨノランとセオニョはそれを断りました。その代わりに、セオニョが織った絹織物を王様に届けました。その絹織物を天に祀ると光を取り戻し、新羅が元の明るい世界に戻りました、というお話。

出雲と新羅の交流を歴史的に検証する糸口としても注目されている。

お餅は「昨日、結婚式でもらったもの」だそうです。一口大にちぎった大きさで、黄粉のような甘い粉がまぶしてあって、美味しかったです。韓国のお餅って、伸びないでキレがいいのですよ。


着いた途端に、ボンスンさんが「次はいつ、韓国に来ますか？　今回の滞在は、短すぎます」と言ってくれます。私達は今日から3日間もいるんですけどね。

「次はもっとゆっくり来てください！　絶対！」

はい！　ゆっくり来たいです！　でも、まずはこの3日間を楽しみますよ。


夜には、ボンスンさんが通っている大学で日本語を教えていらっしゃる先生をはじめ、たくさんの方々に大歓迎していただきました。郊外にある韓定食（韓国の懐石料理みたいなもの）の豪華なレストランでした。

どれも初めていただくものばかりです！　白身魚のお刺身やあわびやエビや春巻きなどのたくさんのお料理、たくさんすぎて、もはや何を食べたのか思い出せないくら

三国遺事
古代三国（新羅、高句麗、百済）の古記録を収集した書物。13世紀末に高麗の高僧である一然によって書かれた。朝鮮半島においては、現存最古の史書である「三国史記」に次ぐ古文献。

いです。韓定食はほとんどが辛くなく優しい味付けでした。あわびが特に美味しかったです。デザートには伝統茶と韓菓が出てきて、本格的で感激でした。

「おがっちさんの韓国語は、とても発音がきれいですよ～」とみなさんが褒めてくださいました。

そこで、昆布のようなものを指差して、「ヨルシミ、コンブ、ハゲッスムニダ！」（一生懸命、勉強に励みます、という意。韓国語でコンブ＝勉強）と、韓国語駄洒落をかましてみたら、先生に大ウケで笑い転げてくださいました。いい方です。「おがっちさん、冗談も上手です！」とまた褒めてもらいました。

初めていただいた韓定食の数々。あわびが絶品！

食事が終わると「チムチルバン」に行きました。

韓国ドラマでよく出てくる、日本の健康ランドみたいな、サウナとお風呂が一体となった24時間営業の施設です。そのまま適当に寝ることができます。

受付で指定の服（半そでと短パン）とタオルが配られるので着替えます。ドラマで観る光景と一緒です。お風呂↓サウナ↓お水飲む↓サウナ、とウロウロします。

チムチルバン初体験の私はボンスンさんの指示通り、ココで寝ましょうと、温かい床の上でゴロンと横になります。

あたりは薄暗くて、数人あちこちの隅で横になっています。男も女も一緒です。汗をかいたままの服で、なんだか湿気の多い、モワッとしたちょうどいい温度のところで横たわります。ボンスンさんが枕を取ってきてくれました。硬い木のもので、時代劇に出てくる箱枕の木の部分だけのような枕です。

頭の形に沿って、ちょっこし（少し）カーブがあるので、寝やすいかと思ったらそうでもなく、やっぱり、枕が硬いなぁと思いながら、ウトウトしました。

こんな湿度の高いところで寝た経験がないので、身体がどう反応していいか分から

ない感じでした。なんだか、寒い、でも、ちょうどいいような…汗かいた状態でずっと寝てるし。

ウトウト、あ、ここはどこ。あ、あつ…いや、寒い。いや、暑い…汗かいてる、ウトウト…。なぜか、大江千里の夢をみたことだけは覚えています(笑)。

そんなこんなで、午前5時。

ボンスンさんに「おがっちさん！　トイレに行きなさい」と起こされます。どんな起こされ方じゃ。

はい、とトイレに行き、また、サウナに入り、お風呂に入り、朝になったら「あかすりコーナー」がオープンしていました。

専用のベッドの上にうつぶせになって、背中からゴシゴシとやっていただきます。始めはだいたい強くされるので「ソフトにお願いします」というといい感じになります。とても気持ちいいです。うつぶせからあおむけになり、全身ゴシゴシされて、終わり。あーすっきり！

あかすりしてくれるおばさんは、だいたいブラックのビキニスタイル。私達は、すっぽんぽんです。それが普通。変に恥ずかしがっているほうが恥ずかしいです。

ああ、気持ちよかったぁー！　チョッター（いいわー）ですよ。湿度が高いところに通うとお肌もつるつるになります。韓国人の美肌の秘訣かもしれません。島根県も「美肌県」として有名ですが、湿度が高いことが要因の一つだと言われています。びっくりするほど湿度が高いチムチルバンに行ってみるのもおすすめですよ。

お風呂からあがり、チムチルバンに付き物のゆで卵を食べます。卵の皮をむくとちょっと黒い卵が出てきて燻製のような感じ。めちゃ、美味しいです!!　卵までいくと、これぞ、チムチルバン!!　卵の殻を頭で割る、韓国ドラマ定番の風景を現実に味わえます。

ささ、家に帰って朝ご飯を食べましょう！　ゆで卵2個で、すでにお腹いっぱいですが。

ボンスンさん宅に帰ると、あっという間に朝ご飯が作られました。

朝から、たくさんパプサンにおかずが載ってます。

小豆がゆは、お腹に良いからと毎朝欠かさず出してくれました。

チャプチェがもう、絶品です。チャプチェはお客様が来た時のおもてなし料理の一つですが、各家庭で少しずつ違います。ごま油の加減やお肉と野菜の分量や春雨の感じがそれぞれ楽しめます。大好きすぎて、各家庭のチャプチェを食べ歩きたいくらいです。韓国料理屋さんで食べるものとも家庭の味は全然違うのです。絶妙な味つけのボンスンさんのチャプチェ、販売してほしいほどです。

イリコのピリ辛佃煮もいい感じです。白菜は生で出てきて、海苔やナムルやいろんなものを包んで食べます。

野菜のたっぷり入った辛いスープには、お餅も入っていました！　カブのキムチを漬けたから、これもお食べと、ちぎってご飯の上に載せてくれます。お、韓ドラによくあるシーン！　おかずをご飯に載せる行為は、愛情表現の代表なのです。嬉しい！とにかく「マーニ、モゴッ！（たくさん、お食べなさい）」精神なので、何度も何度もたくさん食べなさいと言われます。

日本では、ゆで卵2個で朝ご飯は十分な私でしたが、このような大量の朝ご飯も嬉しいっす！　でも、なかなか全部は食べきれませんよ。残してもいいんです。残すの悪いけど。

韓国の台所の必需品、ゴム手袋をしながら、食器洗いもしてみました。韓国ドラマあるあるです。「ケンチャナヨ（大丈夫ですよ）」と、ボンスンさん。いえいえ、これも体験してみたかったのです。スポンジはなく、すべて金属たわしで洗いました。

今日は、浦項のあちこちを周るのです。

ボンスンさんは旅行業も営んでおられるので、ガイドはお手のものです。

午前中は日本人家屋路を歩き回り（詳しくは第9章参照）…海岸線を走って虎尾岬《ホミゴッ》へと向かいます。

ここにある食堂で、お昼です。

ヘジャングク（牛の血のスープ。酔い覚ましのスープだそうです。私はお酒を飲んでいないですけど）をいただきました。これも初体験でしたが、意外に美味しい！いいお出汁が出ております。ちょっこしレバーみたいなもの（牛の血の塊だそうな）も入ってるけど、コクがあって、元気が出そうです。

朝鮮半島は「虎」の形によく例えられますが、ここ虎尾岬はその虎の尾にあたる場

パプサンに載って出
てくるボンスンさん
宅の食事。
チャプチェが絶品！

朝からたくさんの
ごちそう。
いただきます♪

ヘジャングク
（牛の血のスープ）

所です。また、韓国最東端なので、韓国で最も早く日が昇る場所として有名な観光名所です。虎尾串日の出公園には、「共生の手」があります。すべての国民が「お互いを助けて生きよう」という意味が込められているそうです。なんとも大きい手です！　また、最近新しくできた「ヨノラン・セオニョテーマ公園」にも、いろいろな資料が展示されているそうです。

浦項市のシンボルキャラクターでもある「ヨノランとセオニョ」の像もあります。以前、ボンスンさんに連れられて海兵隊の基地を見学したことがありますが、「ヨノランとセオニョ」のお話の中に出てくる日本から贈られた絹織物は、その基地内にある日月池の日月祠堂に祀ってあると聞きました。いろいろ新鮮なものに触れて、帰宅の途につきます。

ヨノランとセオニョの像

「共生の手」。片方は公園内(上)に。もう片方は海の中(下)。共に生きよう！ という思いが込められています。この5本の指すべてに鳥がとまるとラッキーといわれています。でも、それって天候次第ですよね。あっ、それがラッキーってことか(笑)

ボンスンさん宅は、2階建てのおしゃれな洋風スタイルです。玄関を入ると6畳ほどのリビングがあって、その横にキッチンが4畳半、奥には6畳ほどの寝室がありまず。2階もありますが、主に1階で暮らしているそうです。水回りはというと、トイレはウォシュレットがあるけど、浴槽もシャワーもないのです。お湯も出る蛇口の下には、大きなタライが。おお！　韓国ドラマでよく見るあのタライで髪を洗うのですね!!

韓国の人は、例のチムチルバンによく行くので、昔ながらの家には浴槽やシャワーがないようです。最近のマンションなどにはシャワーや浴槽もあります。

ボンスンさん宅の床は、床暖房がしっかり効いていて、暖かいです。寝ようと思って周りを見渡すとぽつんと毛布一枚があるだけです。布団を用意されているわけでもないのです。そう、わざわざお客様用の布団は用意しない。韓国あるある！

その辺に置いてあったコタツがけみたいなのを敷いて、横になって寝ました。やっぱり床暖房なので毛布一枚だけでも十分暖かいです。

そのへんのアバウトな感じが韓国っぽくて大好きです。

次の日の朝。トントントン。ボンスンさんの朝ご飯の支度の音で、目が覚めます。いい目覚めです。

「おがっちさん、起きてください。朝ご飯を食べましょう」

こうして韓国での一日がまた、始まっていくのです。

ボンスンさん宅での初ホームステイでは、本当に温かく歓迎していただき、楽しいひと時を過ごすことができました。

ボンスンさんや浦項で触れ合った韓国のみなさんのおかげで、韓国に対して少しネガティブな感情を抱いていた私のわだかまりが、とけ始めました。

ボンスンさん一家

第4章　ハルモニたちとの爆笑！珍道!?バスツアー

南海《ナメ》・巨済《コジェ》・求礼《クレ》

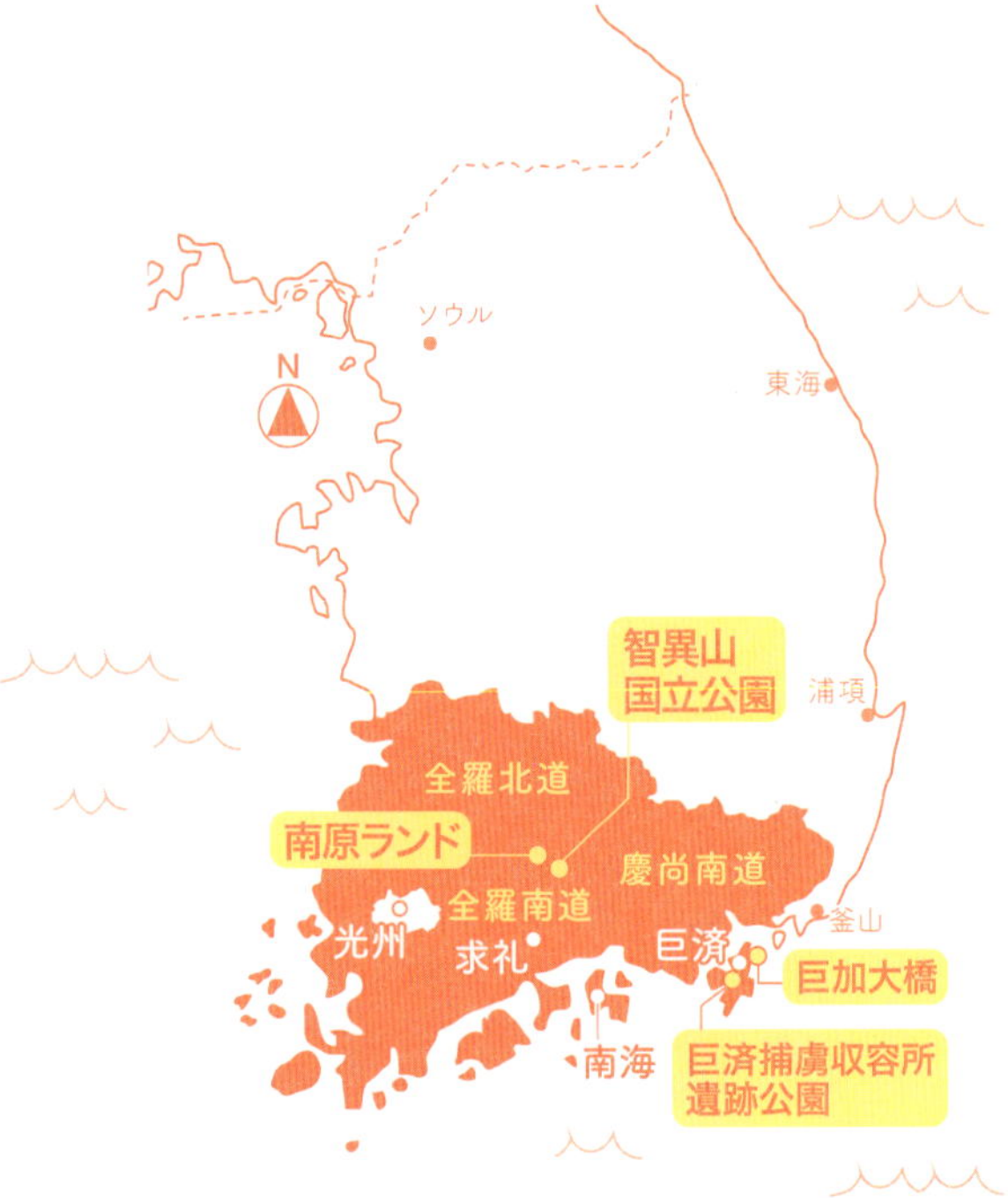

おがっちのオススメ

求礼のおすすめスポット

智異山《チリサン》温泉ランド

智異山の麓(全羅南道求礼郡)にある温泉テーマパーク。露天温泉テーマパークでは十二支神を形象化したテーマ温泉、ヒノキの湯、瀑布の湯などを楽しむことができます。温泉施設の他にはチムチルバン、約60室の最新式客室と付帯施設を備えたホテルもあり、多くの観光客で賑わっています。

初の浦項旅行から半年後、韓国でのおもてなしにすっかり気を良くした私は、もっともっと韓国を自分の目で見たいと思い、２０１１年５月、再びお誘いをいただいて、ボンスンさんが仕切る「南海《ナメ》へのハルモニ（おばあさん）ツアー」に友達と同行することになりました！

1日目

朝５時頃からボンスンさんは起きて、せっせとお湯を沸かしています。

まだ朝早いのに、ボンスンさん宅には人がやって来たり、電話が鳴ったりしていました。

観光バスの運転手さん、ツアーに参加するハルモニ団体の会長さん、参加するハルモニ達がどんどんどんどんやって来ます。ほんとに韓国の方はせっかちで、５分前行動というより1時間前行動でバタバタ。

ボンスンさんが日本で見たことがないようなすっごい大きなやかん（形は日本のものと同じ、ただし5倍くらい大きい）でお湯を沸かしていたと思ったら、そのやかんはそのままバスの床にドーンと置いてありました。このやかんのお茶をみんなで飲むわけです。

午前7時半発と聞いていたのに、7時にはバスの後方座席に私と友達は座らされました。

改めて、会長さん（ソウル大出身でずっと教師をされていて、このあたりのボス的存在だそうです）にご挨拶。「はい、楽しんでください」（日本語で）と言われました。

各地の集合場所に立ち寄り、数人ずつピックアップしていきます。

バスに乗り込んでくるハルモニ一人ずつに、「アンニョンハセヨ。イルボネソワッソヨ。パンガッスムニダ（おはようございます。日本から来ました。お会いできて嬉しいです）」とご挨拶しました。

20数人全員揃っていざ、出発です。

ボンスンさんの簡単な事前説明では、「南海」というところに、新しく海底トンネルができたそうで、今回のツアーは、そこに行って一泊するんだそうです。楽しみです。南海ってどこか知らんけど。字面から南国リゾート地を想像して、期待します。

韓国のハルモニのみなさんは服装がカラフルです。ピンク、赤、黄色、オレンジ、ブルーなど原色揃い。ヘアスタイルは、全員１００％ちりちりパーマで、毛量も豊富で、白髪の方もほとんどいなくて、ほんとにきれいにしておられます。ほとんど75歳以上ですって。

貸し切りバスは紫一色の豪華な装飾で、マイクはなぜかずっとエコーばりばりです。ソウル大出身のハルモニの会長さんからご挨拶です（韓国語で）。

「今回は、ボンスンさんのお宅に滞在している日本の女の子（子!?）２人がこのツアーに同行します。日本は今、東日本大震災で大変です。心配ですね。お見舞い申し上げます。みなさんで復興を祈りましょう。そして、彼女達、日本の島根県からやって来ました。島根県というと、竹島問題はあるけれど、竹島問題はあるけれど（３回くらい言われましたよ）、それはまあ置いといて、はるばる浦項にやって来てくれた彼女達を大歓迎し、みなさんで楽しいツアーにいたしましょう！」

みなさん一人ひとりから、震災は大丈夫？　頑張って元気を出して！　とお言葉をいただきました。

そして、私達も挨拶しなさいとマイクが渡されます。

「みなさん、震災へのお見舞いをありがとうございます。私の住んでるところは被害はなかったのですが、日本が元気になれるように、私にできることを頑張っています」

バスに乗って一番驚いたことは、ハルモニ達のほとんどが日本語を話せるということです。

個人差はあるけど、私達の日本語も理解されます。

「わたしは日本語が話せますよ。国民学校を卒業しましたからね」

「わたしは、九州にいたこともあります。それから韓国に来ました。日本の大阪、東京、九州は行ったことがあります。でも、日本語を聞くのは久しぶりで、もうかなり忘れました」

「わたしもはなせるよ。わたし、4ねんせまで、にほんごならったよ。でも、そのあとは、ほとんどならってないから、わすれてしまったよ。ひさしぶりににほんごきいてうれしいよ。おばあさんになったから、からだはいたいところがあるんだけど、きょうはがんばってこのツアーにきて、よかったよ。にほんごがこんなにきけるなんてね」

みなさん、必死に知っている日本語をしゃべってくれるんですよ。そんな一生懸命なハルモニ達の姿に、思わず涙ぐんでしまいました。

1910年（明治43年）、「日韓併合ニ関スル条約」が調印され、韓国は日本の領土に併合されました。そんな時期があったので、ハルモニ達が子どもの頃は日本語を習っていたんですね。今までこんなに韓国のお年寄りと触れ合ったことがなかったので、いろいろ学ぶことだらけでした。

それから、バスの中でのこと。まずは、朝ご飯～って、アルミ箔に包まれた大きいおにぎりが一つずつ配られました！　もち米に栗や松の実などが入っていて、少々醤油味で香ばしくて美味しかったです。

そして、遠足みたいにおやつの袋が配られます。中身はウェットティッシュ、水、ウエハースとチョコのお菓子、みかん、そして**チャメ**が2個。

いきなり、バス内に、チャメのニオイがしたかと思うと、みなさんマイナイフを取

大きなおにぎり

おやつセット

チャメ
日本でいうマクワウリのこと。韓国ではブドウやスイカと並ぶ、夏場のポピュラーな果物。慶尚北道星州郡での生産が盛ん。

り出して（必需品のようで、各自持っておられました）、切り始めました。「どうぞ召し上がって」と私達にも配ってくれました。種付いたままですけど。韓国では種が付いたまま、チャメを食べるのですね。でも、私はちょっと種をのけて食べました。

しばらくすると、きゅうりが数本出てきました。次はなんだなんだと思ったら、例のナイフで薄く切り、携帯用のコチュジャンと一緒にお皿に並べ、バス内にまわしてみんなが食べていきます。

韓国、バスの中のおやつがハンパないです。その場でオイキムチ（きゅうりキムチ）ができあがったので驚きました。

ほどなく、うわさの海底トンネルのあたりに近づきました。外を見たら、バスだらけです。バスバスバスバス。広大な駐車場に、とにかくバスが連なって大渋滞でなかなか入れませんでした。平日なのになぜこんなにバスだらけかというと、最近、このサービスエリアがオープンしたばかりで、すでに韓国の観光地として大人気スポットになっていたからです。

やっと下車。なんだか中高年の方が多いですね。平日ですからね。

ここは、加徳《カドゥグ》サービスエリアというところでした。

こういう場所には、必ず露店が出ています。何でも屋さんみたいなのです。日よけ帽子や作業道具、お土産物から花の球根など、ほんとに何でも売っているのが特徴です。

サービスエリアを出て、地下道みたいなところへ入っていったかと思うと、シュッ

バス、バス、バス！

駐車場から望む景色は絶景だそうですが、この日は黄砂であまり見えませんでした

何でも売っている露店

と駆け抜ける感じがありました。なんだか地下道みたいだわと言っていたら、あっという間に地上へ出ました。もしかしてさっきのが、海底トンネル？　実感もないまま海底トンネルは終わってしまいました。

この「巨加《コガ》大橋」は、2010年12月に開通した韓国初の海底トンネルで、釜山《プサン》から巨済《コジェ》まで、海上の斜張橋3.5㎞と海底トンネル3.7㎞、陸上トンネル1.0㎞で構成されています。そして、世界で最も深い水深48mのところも走っています。海底トンネル内には「現在水深○○メートル」と所々に表記してあるようですが、見た目は特に海底とも感じない普通のトンネルのようでした。巨加大橋は瀬戸大橋みたいな感じでした。

一行は巨済島へ向かいます。

巨済島は、慶尚南道《キョンサンナムド》巨済市にあって、この巨済市の大部分を占める島です。面積は約400㎢で、韓国では済州《チェジュ》島に次いで2番目に大きな島。島ですけど陸続きで行けます。

ちなみに、ドラマ「冬のソナタ」の最終回が撮影されたあの「**不可能の家**」がある

不可能の家
ドラマ内でユジン（チェ・ジウ）が設計し、恋人であるチュンサン（ペ・ヨンジュン）が建てた家。

地上に出たかと思うと今度は、島と島をつなぐ橋を通りました。これはとてもきれいでしたね

のがこの巨済の近くにある島です。

私達はただ、「南海へ行く」としか告げられてないので、海辺のリゾート地みたいなところに行くんだろうなと期待を膨らませつつ、バスは走ります。


なんだか賑やかなところに停まりました。トイレ休憩かと思い、特に誰にも何も言われなかったので、私はバスを降りませんでした。後で聞いたら、「金泳三《キムヨンサム》元大統領の生家」だったらしいです。ええ！　教えてくださいよ（汗）。

さて、そろそろお昼時、お腹がすきました。お昼はどこで食べるのでしょうか？　どこか団体向けの食堂にでも寄るのかと思ったら、公園みたいなところでバスが停まりました。

今度こそトイレ休憩かと思ったら、みんな一斉にバスを降りて、敷物を広げたり、バスの中に積んであったミニテーブルやミニイスを出していきます。発泡スチロールの箱の中には、白ご飯がいっぱい入ってます。

そして、ハルモニ達は、それぞれにお弁当箱を取り出しました。

え、お弁当持ってこらんといけんだったの!?

「ささ、あなた達も座りなさい」と言われ、ハルモニ達のお弁当のおかずをちょっとずつ分けていただきました。キムチや漬物数種、豆腐を焼いたものとか、佃煮みたいなもの、卵焼き、海苔、ナムル、スープまでありました。キムチも各家庭で違う味なので、それはもうすっぱいのから、浅漬けまでありました。ナムルもいろんな野菜で数種類、ご飯や野菜にかける唐辛子味噌みたいなものも何種類もあって、とにかく野菜中心でヘルシーです。卵焼きは、ちょっともっこりした感じでしたが、しっかり塩味でわかめが混ぜてありました。

「マシッソヨ!!（美味しい）」

ゆっくり味わう暇もなく、せっかちなハルモニ達は、ご飯が終わるととっとと片付けて、テーブルもしまい始めましたよ。

ほどなく別のバスがやって来て、今度はそこの団体がテーブルやイスや敷物を出し始めました。同じように発泡スチロールに入ったご飯が出てきました。次のバスの方々も同じようにお弁当を広げ始めたのです。たいして広くもない公園なのに。

ハルモニ達持参のお弁当

え〜、これが一般の韓国バスツアーの姿なのか!? と思いました。知らなかったです、お弁当持参で公園で食べるって。こういうのって、学生の時の遠足以来ですよ。日本のバスツアーなら、たいていどこかのお店で食べますもんね。

そして、とにかくパワフルなハルモニ達は、バスの中でも元気はつらつで、寝てる人なんて誰もいやしません。テレビの大画面でやっているドラマ（連ドラ）を真剣に観て、ニュースも真剣に観ていたかと思うと、**トロット**（韓国の演歌）が大音量で流れ出したら、席を立って踊りだしましたよ。さ、あなた達もと踊らされました（笑）。バスの中でのダンスは危険なので、本当は禁止されているんですけどねー。

わはははは、みんなで笑って、心の底から楽しくて、なんておもしろいバスツアーなんでしょう!!


目的地は「南海」、という他には何にも知らされないまま、バスは走ります。

賑やかな駐車場にバスが入りました。

バスを降りてみたらすごく広い公園です。なんのテーマパークでしょうか。「巨済

トロット
韓国における大衆楽曲のジャンルのひとつ。3拍子ないし4拍子を基本とするものを指す。早い2拍子のものは「ポンチャック」と呼ぶ。日本の演歌とよく似た性格を持つため、韓国演歌とも呼ばれる。

捕虜収容所遺跡公園」と書かれた看板があります。

よく見てみると…これは、戦争に関するところではないですか！

１９５０年６月25日から始まった朝鮮戦争の捕虜を収容するために作られた施設がこの巨済にあったので、その施設を再現した資料館だそうです。１万坪の公園内には戦争で使われた戦車やトラック、ヘリコプターなどの展示物もあります。

全体では展示館17棟、幕舎再現14棟で写真と装備及び衣服などを収集展示したり、当時の様子を映像化した展示もあります。当時の捕虜収容所では、朝鮮人民軍捕虜15万人、中国軍捕虜２万人、最大で17万人を超える捕虜が収容されました。収容所は１９５３年７月27日に休戦協定を結んで、閉鎖されたそうです。

では、さっそく行ってみましょう。まずは「戦車展示館」に入りました。大きな戦車が山を登っていくような、そんな建物が建ってます。

とはいっても、中は戦車が展示されているのではなく、エスカレーターになっていて、左右には当時の各国の要人達のフィギュアが並んでお出迎えしてくれました。

ジオラマ館に着きました。ジオラマ館では収容された捕虜の人の生活の様子をジオラマによって見ることができます。

とにかく丘全体にいろんな建物が建っていて、当時の悲惨な戦争の様子がジオラマや映像で再現され、フィギュアでリアルに伝えてくれます。

屋外のキャンプは映画**「黒水仙」**（イ・ジョンジェ主演）の撮影用に新しく造ったオープンセットで、2001年6月にここで撮影されたそうです。

私は韓国映画が好きでいろいろ観ていますが、とにかくとことんリアルさを追求してるといつも思うのです。映画に出てくる汚物なども結構リアルに、本物そっくりによく描いてあります。

オープンセットでも、とにかくそこかしこにフィギュアが作ってあり、当時の様子を再現してくれるのですよ。ある人はお風呂に入り、ある人はご飯を作り、戦闘の様子や血だらけの姿、そして、ある人はトイレを…そう、この収容所ではドラム

戦車展示館に入ると…

まさかのフィギュアがお出迎え。
あっという間で、どなたなのか分からないまま昇っていきました

「志村！ うしろ！」じゃなくて、「上！」。
上にも兵士が隠れていたり、屋外にもいろんな仕掛けがあるんです

橋を爆破された様子のジオラマもあります。悲しい

「黒水仙」

2001年、ペ・チャンホ監督。ソウルで起きた殺人事件。被害者は、朝鮮戦争中に脱走捕虜を捕らえる任務に就いていた男。捜査を担当する刑事は、かつて捕虜収容所が置かれていた巨済島を訪れ、ソン・ジへという女性が綴った古い日記帳を手に入れ、次第に巨済捕虜収容所をめぐる途方もない秘密が明らかになる。朝鮮戦争を背景に、歴史に翻弄された一組の男女の運命を描いたサスペンス・ラブ・ストーリー。

缶のような大きな容れ物がトイレになっていましたが、そこに用を足している人形があって細部までリアルに詳細に作られているのですよ（分かる？）。

しゃがんでトイレをしている人形の横に、「並んで写真をどうぞ」みたいな看板が立ててありました。どうやら、笑顔で一緒にしゃがんで写すポーズの見本のようです。これはさすがに一緒に撮らなくても！（今になって撮っておけば良かったと少し後悔）この他にも、穴あき顔出し写真撮影スポットが多数あります。

戦時中の様子を説明してくれたハルモニの1人が、ぽつりと「戦争はもういやだよ。思い出したくないよ。でも、これが本当にあったことだからね。こうなったらいけないよと伝えていかなくてはいけないよね」とおっしゃっていました（涙）。戦争を体験していらっしゃるハルモニの言葉は重く、世界平和を願わずにはいられませんでした。

ということで、収容所遺跡公園を後にして、また、しばらくバスは走ります。「南海」へ向かって。

相変わらず、ハルモニ達は、歌って踊っています。元気です。

収容所の様子（全部フィギュアです！）

有刺鉄線の顔出しパネル。なかなか顔を出したくないです

外の景色は海岸線から田園地帯や山の景色に変わって、全羅道《チョルラ》に入ります。映画**「チョルラの詩」**を観た時、「ここって、なんかすごく懐かしい風景だわ」と思いましたが、どうやらその全羅道に来たようです。

そろそろ、うわさの南海のリゾートホテルかしら。

なんだか山道へ入りました。でも、この山を抜けると海があるに違いないと思っていました。

しばらく山々や小さい集落を抜け、日が傾きかけた頃、山あいのこじんまりとした温泉街にバスが入っていきました。

アドバルーンのある駐車場が現れ、また休憩かなと思いました。そこにある国民宿舎のようなホテルの前でバスが停まりました。

「はい、到着しました」。

え？

南海って、海辺のリゾート地ではないのですか⁉

そういえば目的地がリゾート地なんて、誰も言ってなかったわ。

「チョルラの詩」
2010年、川口浩史監督。日韓合作映画。韓国の詩をベースに激動の80年代の男女3人のせつないラブストーリーが描かれる。全羅道の風景が美しい作品。

というわけで、ハルモニツアーご一行は、求礼《クレ》郡にある**智異山**《チリサン》温泉のホテルに到着しました。ボンスンさんが言われていた目的地はここだったのですね!?　南海は通り過ぎていました。この山あいにあるレトロ感溢れるホテルはソウルにもなかなかありません。なんだか修学旅行で泊まるようなところでした。

それぞれ大部屋かつ**オンドル部屋**です。

6畳くらいの広さでしたが、私達は3人で泊まります。

大浴場もありますし、部屋にもユニットバスみたいなのが付いていました。

そして、晩ご飯です。食堂も修学旅行を思い出させます。

ハルモニ達は、すでにわいのわいの食事をしてらっしゃいます。私達がやって来たら、みんなの拍手で迎えられました。手を振ってハルモニの間を通って席に着きます。

私達はスターみたいに花道を歩きました（笑）。

晩ご飯のメニューは、味噌チゲ、白身魚の干物の焼いた物、お肉と野菜の炒め物。いろんな具を菜っぱで巻いて食べます。そして、お釜の茶碗蒸し！　やや蒸しすぎて、穴があいてるのがいいですね。韓国の茶碗蒸しは初体験でした。

智異山
古くから登山のメッカとして知られ、多くの登山客で賑わう。100を超える多くの峰々からなる。映画「隻眼の虎」の舞台にもなった。

オンドル部屋
韓国式床暖房のこと。現代では床にプラスチックや銅でできたパイプを通し、ボイラーを利用して熱湯を循環させる温水循環式が多い。

山に囲まれたひなびた感じの智異山温泉のあたり

なんだか懐かしい雰囲気の部屋

茶色い飲み物がボールに入って出てきたので、コーヒー牛乳かと思いながら茶碗に入れて飲んでみたら、なんとマッコリでした。

茶色いマッコリ！　こんなのは初めてです。これが、お酒に弱い私にもとても飲みやすくて、甘酒の炭酸ジュースみたいでいくらでも飲めるんですよ。

ハルモニ達は、夕食後も各部屋で花札をして盛り上がっていました。さすが韓国です。私はというと、マッコリの酔いと朝早くからのバスに揺られた疲れで、すぐに眠ってしまいました。

このホテルの社長はすごくいい雰囲気のアジョシでした。

「日本人はこのホテルに来ますか？」と聞いたら、「2人」との答え。

栄えある3人目の日本人客になれて、光栄です。

すごく笑顔のいいアジョシだったので、食堂にハエ取り紙があったり、社長がハエタタキを持って歩いていたってのはナイショにしておきましょう。いろんなところが昭和風情ですてきでした。

2日目

さあ、ホテルを後にして、ハルモニバスツアー2日目の幕開けです。

ここは全羅南道。私達はまたまた、どこへ連れて行かれるのか、情報も与えられないままです。なんでも「こーえん」に行くんですって。日本語がバリバリ話せるハルモニが説明してくれました。「このへんは、『春香伝《チュニャンジョン》』の舞台で有名ですよ。春香伝を知っていますか？」

「もちろん、知ってます！」と言うと、ハルモニ、嬉しそうでした。

しばらくバスが走り、農村や山間の道を通って、大きい駐車場に着きました。

なになに？「ナモンランド」？　こーえんというか…遊園地ではないですか！

でも、人がオプソヨ（いない）。

人気のない遊園地の横には大ブランコがあり、ハルモニ達は無邪気にブランコに乗ってはしゃいでいました。このブランコは、春香伝のチュニャンが乗っていたものですよ！　とハルモニが教えてくれました。そうそう、私が観た映画「春香伝」（2000年、チョ・スンウ主演）では、ブランコのシーンが印象的でした。

春香伝

李氏朝鮮時代の伝説で、奴婢の身分の娘と支配階級の息子の、身分を越えた恋愛を描いた物語。18世紀頃、伝統音楽の語り物であるパンソリの演目で広まり、小説化や映画化も何度か行われている。

人影のない遊園地、ナモンランドのアトラクションは大観覧車、バイキング、バンパーカー、お化け屋敷などがありました。

その中の芝居小屋に入ってみました。観客席が半円状になっていて、舞台を見下ろす感じになっています。そう、サーカス小屋みたいです。観客は、私達一行のみです。

さて、どんな出し物が出てくるのでしょうか！

日本語上手なハルモニが説明してくれました。

春香伝で有名なブランコ

「あのね。ボロボロの服を着た人が歌ったりおもしろいことを言ったりするんだよ」

え？

よく分かりませんでしたが、場内暗転となり、さぁ、ステージが始まります。わくわく。

元気のいい「トロット」っぽい曲が大音量で流れてきました。

暗転のまま、結構長めのイントロで焦らされ、待って待たされて、やっと登場したのは！

わ〜！

本当にボロボロの服を着て、すごいド派手メイクをして、おかっぱ頭のようなカツラを被って、人形をおんぶしたアジョシでした。しかも、歌いながら登場してきました。

この声がまた渋くてですね。**「パンソリ」**を歌うような声の張り上げ方で、歌もすごく上手いです。場内に響き渡ります。ハルモニ達、いきなりキャー！　と大興奮&拍手喝采。

パンソリ
朝鮮の伝統芸能。物語に節をつけて唄う口承文芸のひとつ。物語性のある歌と打楽器の演奏が特徴。

このボロボロの服を着ておもしろいことを言うアジョシの芸は「カクソリ」といって、韓国では客寄せの大道芸としておなじみで、こういう芸人さんはいろんなところに登場するんだそうです。このカクソリが歌うのが「カクソリ・タリョン」。カクソリが客の注目を集めるため、施しをちょーだい！　と歌う囃子唄だそうです。

このカクソリが、泣きながらセリフをしゃべります。

「世の中は理不尽で、この子（おんぶした人形＝我が子のつもり）を食べさせられないんだよ。ミルク代もないのよ。ご覧の通り、乳しぼっても出ないのよ（笑）。どうにかしておくれよ」

社会を風刺したようなセリフやギャグも入っていて、ハルモニ大爆笑！　私は、韓国語のセリフが半分くらいしか分からなかったけど、ハルモニの大爆笑につられて笑いま

した。

カクソリは、「浦項のオモニ（おかあさん）達は、ノリがいいね。ま、あんた達の乳ももちろん出ないわね」とどんどん観客をいじります。綾小路きみまろさんが女装している感じで、ハルモニ達は嬉しそうです。

そして、肩からさげていたポシェットの口を広げて客席をまわり始め、おひねりタイムです。みんな、おひねりを入れまくります。

それからハルモニもステージに乱入し、一緒も踊りだし、輪になって踊ろう状態でした。もう、てんやわんやな大爆笑ステージでした。

そして中国雑技団のようなショーが続き、アクロバットや僧侶の修行みたいなステージに、おお！　とこれまた大歓声です。

最後は、華麗なる空飛ぶロープショーみたいなのがありすてきでした。

そんなこんなで、魅力溢れるショータイムを終え、イベント小屋を出たら目の前に大きな観覧車が。せっかくだから、乗ってみることにしました。

他のボックスには取っ手がないのもあったけど、それらは乗車禁止とのことです。

えっ!?　私達は扉がちゃんと閉まるボックスに乗り、南原市を一望しました。

いろんな意味でとっても楽しいナモンランドでした。

またまた移動して田畑を通り抜け、農村地帯を通り抜け、お寺に着きました。韓国の方はお寺が大好きです。特にボンスンさんは。必ず、どこかのお寺に行って拝みま

結局、私達の他には最後まで人があまりいない南原ランドでした

しょうと言われます。

ここは、実相寺《シルサンサ》というお寺で、新羅王朝の興徳王3年（823年）、中国の唐から禅を学んだ証覚大師が「座禅を通じて誰にでも悟りを得られるようになる」という禅宗の教えを広めた寺院だそうです。

ここでは、ハルモニ達みなさん、拝礼をなさったので、私達も一緒に韓国風の拝礼をさせていただきました。お線香もあげました。

そろそろお腹がすいたな、お昼何かな、と思っていたら、ボンスンさんがお寺のおばあさんに何かお話しされています。すると、お寺の食堂みたいなところに案内されました。なんと、お昼ご飯をお寺のおばあさんが用意してくれました。

一般的な韓国海苔よりパリパリした海苔が出てきて、すごく美味しかったのです。「キムブガク」というそうです。韓国海苔に米粉をつけて揚げたものだそうです。

ちなみに、ハルモニ達はまたもピクニックでお弁当を広げ、昨日の残りを食べていました。

さあ、お寺にもお参りしたことだし、そろそろ帰りましょうか。

実相寺

すごくかわいいおばあさんでした

お寺でいただいたご飯

バスの中では名残を惜しむように、大カラオケ大会！

日本語を話すハルモニ達の大好きな日本の歌は「ひばりのマドロスさん」、「港町十三番地」「ここに幸あり」、氷川きよしの曲などでした。「日本の唄を歌って、歌って！」と言われ、私は「ブルー・ライト・ヨコハマ」や「春がきた」を日本語で歌いました。ハルモニも一緒に口ずさんでいます。

最後はみんなで大合唱。大変喜んでくださって、涙ぐんでるハルモニもいました。私も涙をこらえながら、こんなに日本の歌を喜んでくれるなら、コンサートしましょうか、と言いたいくらいでした。涙ぐんでたかと思うと、やはり歌って踊って、イエーイと盛り上がりました。

おもしろいと思ったのが、カラオケそのものが流れる時もあるのですが、曲目が全部揃ってないからなのか、ドラムとベースの「ズンチャカズンチャカ」がずっと流れていて、メロディラインがないのです。

そのリズムにあわせて、ハルモニ達はいろんな歌を自分のペースで歌っていくのです。かなり高度な技術ではないですか！　ズンチャカズンチャッで何でも歌えるもんなのですね。すごいですよ。改めてハルモニパワーに乾杯です。

ハルモニバスツアーもいよいよ終わり。

最後の挨拶です。こういう時には、スターの挨拶を思い出して、

「コンガンハシゴ、ヘンボッカセヨ（お元気で幸せでいてください）」

「ノムノム、カムサトゥリゴヨ（感謝申し上げます）」

とまとめました。

ハルモニ達とバスの中で一人ずつ、ハグ&握手のご挨拶をしました。今回のツアーで、こんなに長い時間触れ合えて、ほんとにほんとに楽しかったです。

バスを降りる時、さぞやお別れの時は、涙、涙かと思ってたのですが（あんなに涙と笑いの旅だったから）、自分の降りる場所に来たらとっとと降りて行っちゃって、余韻も何もありませんでした。ほんとにもう、せっかちなんだから（笑）。

このあっさりさにも感動しました。ハルモニ達は、情に厚いけど、ジメジメしてなくて、愛すべき韓国のおばあちゃん達でした。

日本語をあんなに上手く話すことができて、あんなにも日本のことを愛おしく思ってくれていたことがとにかく嬉しかったです。

そして、戦争を経験したハルモニに、二度とあんな辛い思いはしたくない、あなた達はしてはいけないよと強く言われました。この言葉は、声を大にしてみなさんにも伝えたいです。

第5章　念願の〝おがっちと行く〟韓国ツアー

～ドラマ現場でまさかの日本語指導!?

２００５年12月、「おがっちと行く韓国３日間の旅」というツアーがありました。

そうです、そうなのです。初めて「おがっち」が冠に付いたツアーです。仕事で行くツアーなのです！　これまでの活動が、ついに、ついに！　お仕事に結びついたのです！

このツアーでは、韓国の音楽番組を見に行くというのが一番の目的でした。当時はまだ日本にＫ－ＰＯＰブームはきていないのに、私の中ではもはやブームの最先端くらいの勢いでした。

1日目

米子―ソウル便で仁川空港へ。到着後すぐさま、汝矣島《ヨイド》のＫＢＳ放送局へ向かいました。

今回の目玉、韓国の有名歌番組「ミュージックバンク」の見学（予定）!!　予定出演者は、Ｍ（ミヌ＝SHINHWAメンバー、ソロ活動名）、ITYM、BoA、ピ（RAIN）など、わくわくでした。

ツアー参加者のみなさんに出演者情報などを説明しながら、ＫＢＳ放送局に着いたとたん、担当者から悪夢の一言が放たれました。

「本日のミュージックバンクは特別番組編成のため、すでに収録が終わっております。ですから、ミュージックバンクはご覧になれません」

え～～～！

ツアーガイドさんも、全く聞いてなかった様子でした。…やっぱり予定通りにいかない韓国だわー。

文句を言っても仕方ありません。では代わりにＫＢＳ本館スタジオ見学を、ということで、衣裳部屋や幼児番組、バラエティ番組などのスタジオを見せてもらい、自分達が出演者のようにセットに座って写真撮影をしていたのですが、ただ空のセットを見てるだけだと、なんか虚しくて…。

担当者の方に「ドラマ撮影現場は見学できないのですか？」と聞いたら、「ドラマ撮影はこの本館ではしていなくて、ＫＢＳ水原《スウォン》ドラマセンターでやっている」とのこと。

私はひらめきました。

「なんとか、水原ドラマセンターの見学に行かせてください！」と担当者にかけ合いました。だって、とってもとってもミュージックバンクを楽しみにしてたんですよ。ドタキャンなんて虚しすぎます。どうかどうかお願いします！　こういう時は、俄然強気で押します。

その頃のKBS放送のドラマといえば、何といってもピ（RAIN）の**「このろくでなしの愛」**。ピくんの撮影現場が見られるかも！　うぉおおお！　と自分の願望もあってか、さらに強く担当者にお願いしました。

一般には見学できないそうですが、そこをなんとか、私達はKBSを楽しみにはるばる日本から来たんです！　と必死に涙目になりながら訴えました。

待つこと数分。数時間にも感じました。そして担当者から呼ばれました。

「水原ドラマセンターへ行くことにOKが出ました。明日は、『ろくでなしの愛』も撮影があるようです」

きゃーっ嬉しい!!　ついに、生ピ！（生RAIN）を見る日が来たわ！　と小躍りしたいのをおさえながら、冷静に「そうですか。それでは水原に行きましょう」と返事

「このろくでなしの愛」
2005年放送。5歳の頃、事故で両親を失って兄と孤児院で育った弟（ピ）。不良だった彼を支えてくれたのが兄だったが、ある日突然姿を消す。ついに再会を果たすものの、兄は屋上から身を投げてしまう。

しました。

そして担当者から、もう一言。

「ただし、ピの撮影があるかどうかは分かりませんし、撮影スケジュールは度々変更されます。他のドラマの撮影もありますので、そのあたりは了解してください」と。

もちろん、了解です。翌日は予定を急遽変更して、水原ドラマセンターへ行くことになりました。

結局、この日は明洞でうろうろし、次の日のためにドラマ「このろくでなしの愛」のＯＳＴ（サウンドトラック盤）とサインペンを入手し、準備は万端！　明日に備えたのでした。

2日目

早朝にソウルを出発。高速道路を車で1時間、水原のＫＢＳドラマセンターへ向かいます。

広いロビーでしばらく待ちます。ロビーの奥には「冬のソナタ」のチュンサン（ヨン様）とユジン（チェ・ジウ）の顔出しボードがそびえ立っております。さすが、冬ソナ発祥の地。もちろん、私もユジンの顔出しで、ヨン様とのツーショット写真を撮りました（笑）。

ワイワイしているうちに、ＫＢＳの担当者の登場です。

「ただいま、『このろくでなしの愛』を撮影しています」

きゃ――――！

「残念ながら、本日の撮影は、ピ（RAIN）が出る場面はありません」

アイゴ〜〜〜!!（オーマイゴッド!!）

「今日は、その他の部分をご覧いただきます。一切、声は発しないように。咳もだめ、携帯も電源を切ってください。写真撮影も一切禁止です」

静かにしながら撮影スタジオに入ります。

いくつか部屋のセットが組まれていて、スポットが当たっていたのが、主人公ウンシク（シン・ミナ）の部屋。部屋のベッドに横たわり、母と妹に「（彼のもとへ）行かせて！」と泣き叫ぶシーンの撮影でした。同じシーンを何度もいろんな角度で撮影

ＫＢＳドラマセンター

していて、ほんの1～2分のシーンの撮影にかなりの時間をかけていました。

韓国ドラマは、放送時間が1時間10分ほど（日によって放送時間が違います。日本のようにきっちり時間の枠が決まっているわけではないのです）ですし、週に2日も放送されますので、本当に殺人的スケジュールで撮影されていくのです。

シン・ミナちゃんのシーンが終わって休憩時間になり、許可が下りたので思い切ってシン・ミナちゃんに韓国語で話しかけました。

「シン・ミナさん、今日は貴重なシーンを見学させていただきました。ありがとうございます。**『甘い人生』**もすてきでした。そして『美しき日々』、『テリョ』とチョ・ソンモのMVもすてきでした！（一応、知っているシン・ミナ出演作品を並べる）これからも頑張ってください！」

「『甘い人生』、見ていただいたんですか、嬉しいです。はい。頑張ります！」

わー、人気女優さんと会話ができましたよ！　嬉しい！

シン・ミナさんのおでこに痛々しい傷跡があったので、「痛そうですね」と思わず触ってしまったら「メイクだから大丈夫ですよ、そんなに痛そうですか？」と言って

「甘い人生」
2005年、キム・ジウン監督。裏社会にも通じるホテルの総支配人のソヌ（イ・ビョンホン）は、裏社会のボスから彼の愛人の監視を命じられる。しかし、ソヌは彼女に魅かれてしまう…。ハードボイルド・タッチで描かれるラブストーリー。

もらえました。そして昨日買った「このろくでなしの愛」ＯＳＴのジャケットにサインもしてもらいました。買っててよかった！

その後、廊下で休憩中のイ・ギウさん（このドラマでは、ピの恋敵役）がいたので、話しかけました。

「イ・ギウさん、ファンです。日本から来ました」（韓国語）

こういう時は、まず、「ファンです」と言うと喜ばれます。そして、「イルボネソ、ワッソヨ（日本から来ました）」の一言が大事です。

ギウさんは「え？　日本人が僕のこと知ってるの？」と嬉しそうでした。

「映画**『ラブストーリー』**大好きなんですよ、とっても感動した映画でした」

「ありがとう！　僕も好きな映画です。日本からようこそ、これからも応援してください」と握手やサインもしてくださいました。（買っててよかった！）

以上、「このろくでなしの愛」の撮影現場でした。

ＫＢＳドラマセンターのロビーに出ていくと、なんだか、時代劇の格好をした子ども達がたくさんいるではありませんか。話を聞いてみると、彼らは**「ソウル**

「ラブストーリー」
２００３年。日本でヒットした「猟奇的な彼女」のクァク・ジェヨン監督作品。チョ・スンウ、チョ・インソン出演。
女子大生のジヘは、母親の初恋の相手との思い出が詰まった日記帳と手紙の束を発見する。そこに書かれた母の切ない初恋をたどると、やがてその運命が自らの恋の行方にも重なっていく…。親子２世代の愛を綴った恋物語。主演のソン・イェジンが母と娘の二役を演じて話題になった。

「ソウル1945」というドラマに出演するようで、これから撮影なんだそうです。「ソウル1945」の主演は、リュ・スヨンさん（「ラストダンスは私と一緒に」、「メリーゴーランド（回転木馬）」などに出演）です。キリッとひきしまった顔がすてきです。スヨンさんと数人の役者さんの食堂でのシーンを遠くから見ることにしました。

しかし、エキストラの人をよく見てみると、なんだか違和感があります。日本人の設定なのでしょうが、着物の丈が短いのです。「なんとなくの日本人」という感じです。

お店の看板の日本語表記も、何と読むのか分からないものが、たくさんありました。

〝おおもん〟(?)

〝かしゆ〟(?)

別の看板にも「もーち」「せんーべい」など、違和感のあるものばかりです。

見学していると、突然、「ちょっとちょっと」と番組スタッフに呼ばれました！　行ってみると、「日本語の声をみなさんで、録音してくれませんか？」と言われるではありませんか！　日本人街のガヤを撮りたいので、生の日本語を録音したいとのことです。そうそう、韓国のドラマでは、日本人役なのに、日本語のセリフがたどたど

「ソウル1945」
2006年放送。太平洋戦争前の日本統治下の朝鮮から1945年の終戦、1950年の朝鮮戦争までを描く壮大なドラマ。

しいことがよくありますからね。

ツアーの参加者で、商店街の雰囲気のガヤ（「いらっしゃい、いらっしゃい～」「これいくらですか？」「おじさん～まけておくれでないかい？」）を、しっかり配役を決めた上で録音させていただきました。くれぐれも、方言を出さないようにねって。気分はもう出演者でしたよ。

さらに、また撮影スタッフに呼ばれました。

出演者が、日本語を話すシーンがあるのだけど、発音を教えてあげてほしいとのこと。私はアナウンサーですので、はいはい！　喜んで!!　驚いたことに日本語指導者はいなくて、現場ではセリフの録音テープがスピーカーから流れているだけでした。私が日本語指導のスタッフとして名乗り出たかったくらいです。

女優さんのセリフは「16銭～」、「妹にプレゼントしたいんだけど」、「住所はこちらです」、「どうしようかな？」などでした。

韓国の方は「じゅーろくせん」「じゅーしょ」とか「いもーと」「どーしよーかな」といった、伸ばす音（長音）の発音が苦手なんですよね。この女優さんも「チュショ」「イモト」「ドシヨカナ」と発音してました。なので「じゅ――しょ」「いも――と」と長音を強調して、何回も何回も教えました。

その女優さんが「オリョウォヨ（むずかしい）…」と顔をしかめていたのが印象的でした。とても自信なさそうだったので、「ファイティン！（ファイト）」と最後、声をかけて肩を撫でてあげましたよ。その彼女は「ネ〜、カムサハムニダ（はい、ありがとうございます）」とにっこり笑って、本番の撮影に入っていかれました。

あとで分かったのですが、指導した女優さんは「ソウル１９４５」の主人公、ハン・ウンジョンさんでした。

まじですか。

とにかく可愛くて、一生懸命に日本語のセリフを覚えておられる姿が印象的でした。私は、主演の人気女優さんに日本語を教えたアナウンサーですと、これから胸を張って言わせていただきます（笑）。

実際の本番のセリフは、離れたところでしか聞けませんでした。

気になった方は、ドラマ「ソウル１９４５」をご覧になってご確認くださいね。

第５章　念願の“おがっちと行く”韓国ツアー ～ドラマ現場でまさかの日本語指導!?

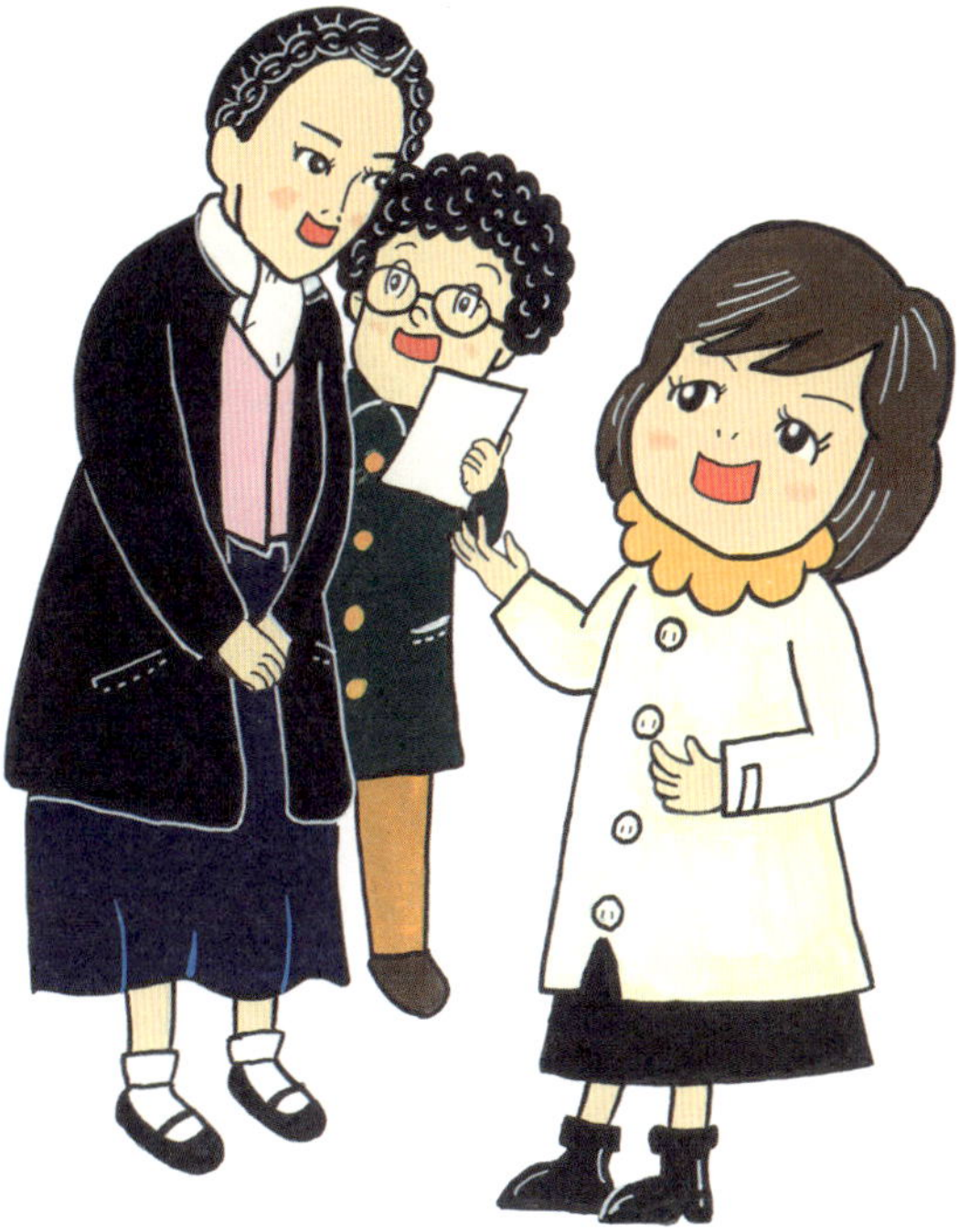

第6章　笑顔あふれる、おもてなしの江原道ツアー

江原道《カンウォンド》

おがっちのオススメ

江原道のおいしいもの

五色薬水《オセクヤクス》で炊いた「薬水ご飯」

五色薬水とは、江原道襄陽郡にある川の周辺から湧き出す鉄分と炭酸水の成分を持つ薬水のこと。1日1,500ℓほど湧き出して有名なスポットにもなっています。

ご飯をよそった後にお湯を入れて、おこげスープ（ヌルンジ）にしていただきます。

▶お問い合わせ先　江原道観光事務所
https://www.facebook.com/gangwon.jp/
https://twitter.com/gangwon_banB

鳥取県は1994年に韓国江原道と友好提携を締結しています。また、2001年には米子空港からの直行便、2009年には境港から国際定期貨客船DBSクルーズフェリーが就航したことで、両県道の交流が盛んに行われているのです。

韓国との交流活動を続けるうちに、日韓関係のお仕事でご指名をいただくようになり、「おがっちと行く」ツアーも何度か開催されました。

そして、2015年6月、日韓国交正常化50周年特別企画、鳥取県・江原道協力「韓国・おもてなしの江原道モニターツアー」が行われました。

当初、このツアーには満席になるほどのお申し込みがあったのですが、この時期に韓国で猛威をふるっていたMERS（中東呼吸器症候群）の影響で、キャンセルが相次ぎました。

申し込んだ人の中には、会社や家族から「今、韓国に行くなんて…2週間以上、仕事に出てこない覚悟で行くならOK」、「2週間、家に帰ってくるな」と言われた人もいたそうです。

確かにMERSに感染したら恐ろしいし、仕事でもないなら、わざわざこんな時に行かなくても、という考えもあります。

ですが、私達が目指す行先は江原道なのです。感染が広がっているソウルとは距離が離れており、現地は大丈夫という話だったのですが、一方で「今、韓国へ行くのは危ない」というSNS上のうわさも飛び交っていました。そんな事情もあり、泣く泣くキャンセルされた方が半数以上いらっしゃいました。

参加できなかった方々には申し訳なく思いましたが、ツアーは催行されました。

2015年6月27日午後5時に、境港国際旅客ターミナル集合。

私は3回目のDBSクルーズです。過去（第2章）と比べながら、レポートしましょう。

鳥取は韓国ドラマ「ATHENA—アテナ—」（2010年）のロケ地です。前に乗った時はこのドラマの放送時でパネルが燦然と輝いてましたが、5年経っても変わらずまだパネルが健在でした。

今回、乗船する日本人は、私達のツアー15人と、その他数人のようです。年齢層は、

「ATHENA—アテナ—」
2010年に韓国で放送されたスパイ・アクション作品。韓国で視聴率30％を超えた大ヒットドラマ「アイリス」（イ・ビョンホン主演）のスピンオフとして制作され、総製作費200億ウォン、豪華キャストの出演が話題となった。鳥取県の鳥取砂丘や東郷湖、三朝温泉、倉吉などでもロケが行われ、チョン・ウソンやBoAが撮影に訪れた。

ほとんどが私より先輩の中高年のみなさんで、船旅も江原道も初ということでした。

他の乗船客をみると、韓国の団体ツアーの方々、ロシア、欧米の方が数名。以前もそうでした。日本人ツアー客は、先ほど言ったMERSの影響もあって、ほとんどいません。

いざ、乗船。

部屋に荷物を入れるやいなや、船内レストランで夕食です。

DBSクルーズフェリー、出港は午後7時。

前回の教訓もあり、午後6時半頃には真っ先にご飯を食べてしまいます。レストランの壁には、ゲゲゲの鬼太郎ご一同さまが描かれていました。ここは前回と違い、日本人向けの要素が増えていました。

今回もビュッフェスタイルですが「これは、何だ?」というようなお料理が…これも毎度のことですね。基本的には韓国料理風ですが、多国籍料理みたいなものもあります。プルコギが美味しかったです。

で、例のごとくどんどん急かされて食べます。従業員のみなさん、片付ける気満々

韓国の自販機。
ウォンで買えます。
日本のビールもあります。
円で買えます

もちろん鳥取県の告知
コーナーもあります

この恐竜も以前からあ
りましたが、色は赤で
はありませんでした

で控えてらっしゃいます。

船内の自販機では、日本のビールが売られていました。もちろん円で買えます。３５０円です。日本の自販機は以前はなかったので、嬉しいですね。

以上、ざっとＤＢＳクルーズフェリー船内の様子でした。

当日の波の高さは３ｍほど。前日の天気予報でも、当日の予報もそうでした。ところが晩ご飯が終わって、部屋へ戻るやいなやドドドッと激しく揺れるではありませんか。

冬の時期のこの船にも乗ったことありますが、出港してまもなく、こんなに揺れるなんて初めてのことです。まだ3回しか乗っていませんが。

船内にはかなりの空き部屋がありましたので、ラッキーなことに個室にしていただきました。もうベッドに横になるしかない。歩こうと思っても、まっすぐ歩けない状態だったので酔い止めを飲んで寝ることにしました。

夜中、目が覚めても激しく揺れていました。ツアーの参加者は初めてフェリーを利用する方々ばかりだったので、大丈夫かなと心配です。なかなか寝付けず、テレビをつけてみたら、韓国チャンネルだけが映っていました。

日が昇っても、まだ揺れは激しかったです。

7時から朝食。みなさん、げっそりでした。酔い止めを飲んでも効かなかったという方もいらっしゃいました。「あんなに揺れるもんですか」との質問に、「いえ、いつもはこんなに揺れなくて、今回が特別でしたけどね」と答えました。うう、なんだか申し訳ないです。


予定より30分遅れの午前9時半、東海港到着のアナウンスが響きました。韓国語と英語だけでしたね。昨夜のアナウンスは、日本語もあったのに(笑)。

いよいよ入国します！　MERS対策の熱感知カメラを通って、やっと着きました、江原道！

まずは、サンクルーズテーマパークへ向かいます。海岸沿いの南側を見渡すと、丘の上に大きなクルーズ船の形をしたホテルが見えます。ホテル周辺は公園になっていて、入場料を支払って中に入ると日の出公園、彫刻公園などがあります。

今までにない揺れを味わって、東海へ降り立ちます

天気はいいのですが、公園から海岸を見ると波はまだ高いのです。みなさん、もう波は見たくない、と言ってらっしゃいました。同感です。ううっ。

さて、続いて正東津《チョンドンジン》駅に着きました。「世界一海岸に近い駅」ということで、ギネスブックにも載っています。また、韓国ドラマ「砂時計」や「ベートーベンウィルス」のロケ地にもなったところです。

駅前はいたって、のどかな感じです。海に沿って線路があり、たくさんの観光客で賑わっています。とっても長いホームです。のんびり、あくびもしたくなるほど気持ちいいです。海岸に沿ってレイルバイクもあります。

おお、手のひらを太陽に〜な感じの大きな手のモニュメントが！（どこかで見たような…）

正東津駅

正東津駅を後にして、バスで海岸道路を北へ。江陵統一公園《カンヌントンイルコンウォン》へ向かいます。

ここまで来ると、海岸沿いの道路に有刺鉄線がある光景を目にするようになります。休戦状態とはいえ、戦争をしている国なんですね。江原道は北朝鮮に面しているのです。

江陵統一公園に到着すると、私達のための歓迎横断幕が風になびいていました。みなさんと「おお！」と叫び声をあげてしまうほど、嬉しかったです。

この場所で、1996年9月に魚網に引っ掛かり座礁した北朝鮮の潜水艦が発見されました。江陵統一公園では、そ

私達を歓迎する横断幕が！

の座礁した潜水艦と、韓国海軍の駆逐艦（4000トン級）が公開展示されています。潜水艦や船内に入ることもできます。

このような場所を訪れると、先の有刺鉄線もそうですが、改めて戦争をしている国なんだと実感します。平和を願わずにはいられない場所です。

続いては、江原道江陵《カンヌン》市にある、ペ・ヨンジュンさんが著書**『韓国の美をたどる旅』**でも紹介していたレストランのソジチョガトゥルへ。

ここでは、江原道のチェ・ムンスン知事が笑顔で私達一行を迎えてくださいました！　大歓迎横断幕がここにも掲げてあります。感激です。

私を見つけるやいなや、知事が「おがっちさん！」と駆け寄って来られました。予め私のことを聞いていらしたようです。「はじめまして！」と知事の方から、日本語を話してくださいました。江原道のテレビカメラも取材していました。

早速、チェ・ムンスン知事との会食スタート。伝統の酒で乾杯しました。恐れ多くも私がご挨拶&乾杯の発声をさせていただきました。

わざわざこのために作ってくださったきれいなお餅のお料理。太陽をイメージした

『韓国の美をたどる旅』
2009年、日刊スポーツ出版社刊。観光地だけではなく韓国をより深く知ってほしいと、俳優であるペ・ヨンジュンが企画。寺や陶磁器や伝統文化の現場など約40カ所が紹介されている。約1年にわたって本人が取材・執筆した。

江原道知事チェ・ムンスンオッパーとハートマークで記念撮影

んだそうです。ほのかに甘い味が付いていて、絶妙なやわらかさの美味しいお餅でした。

初めて見るお料理もいっぱいでした。おからのようなビジュアルですが、これはシジョントク（ヨモギとカボチャを加えた蒸し餅）でした。食べた感じは、もちもちっとした、やっぱりおから風味でした（笑）。

とにかく、珍しいものがいっぱいで、優しい味のお料理でした。

自然食のような山菜を中心とした定食で、そば粉を使ったチヂミや鶏のスープ、サバと大根の煮物、**シッケ**やおこしみたいな米菓子もありました。江原道のチャプチェも美味しかったです。チャプチェは土地や家庭でも微妙に味が違っていて、本当に奥が深いです。あちこちのチャプチェを食べ歩きたいです。

チェ・ムンスン知事は、以前、ＭＢＣ放送局の社長をしていたそうです。ドラマ「大長今（チャングムの誓い）」や「朱蒙」は、ご自身が社長の頃に放送されたそうです。私がＭＢＣ制作のドラマの話を韓国語で始めたら、ドラマに詳しいことをかなり喜んでいただきました。

シッケ
韓国の伝統的な発酵飲料。お米ジュースとも言われる風味。

彩りもキレイな韓定食です

江原道はドラマ誘致にも力を入れていて、ドラマ「申師任堂」をまもなく撮影するとのことでした（2017年に放送され、大人気でした。日本では「師任堂、色の日記」というドラマ名です）。

知事に「日本のドラマはお好きですか？」と聞いたら、「もちろん！『白い巨塔』が好きです。韓国でもリメイクされましたよね」とのお返事。知事とドラマの話ができて嬉しかったです。

知事が私のことを「僕の妹！」と呼んでくださったので、私も「オッパー！（お兄ちゃん）」とお呼びしたら、これまたとっても大喜びで、関係者の方に知事をオッパーと呼べるのはおがっちさんだけと言われました。さらにハートを作って写真撮影してくださったり、グラスで恋人飲みをしてくださったりと大サービスでしたよ。ほんとに笑顔の明るい知事でした。

また、知事から「そんなにK－POPが好きなら、秋に平昌オリンピック成功祈願K－POPコンサートを開催するからぜひいらっしゃい」というお誘いをいただきました。のちの２０１５年10月、江原道旌善《チョンソン》で行われたコンサート会場で、ムンスンオッパーと再会するのです！

江原道の偉い方々がたくさんいらっしゃる中、思わず「ムンスンオッパー」と叫んだら「おお、私の妹！おがっち！」と、再会のハグをしてくださいました。そんな時に私の大好きなVIXXがちょうどステージに出てきたので「ウリ、VIXX！（私達のVIXX）」と叫んだら、「ネー！（はい）VIXX！」と笑顔で一緒にVIXXタオルを広げて写真を撮ってくださいま

コンサート会場にて記念撮影。VIXXのタオルを一緒に掲げてくださいました♪

した。

周りの方々は何事!?　と見ておられましたが、「ムンスンオッパー!」と言ったとたんにみなさんも笑顔になってらっしゃいました。

この時も「知事をオッパーと呼べる日本人はおがっちさんだけです」とありがたいお言葉をいただきました。


知事との会食も終わり、名残惜しくお別れをしました。


次の目的地は、江陵市にある烏竹軒《オジュッコン》です。

ここは、五千ウォン札の肖像画である栗谷李珥（ユルゴッイイ）と、その母であり五万ウォン札の肖像に描かれている申師任堂（シンサイムダン）の生家があることで有名な場所です。

申師任堂は、息子の栗谷李珥を歴史的な政治家、儒教学者に育て上げた良妻賢母の代名詞になっています。自身も絵画・書道・刺繍などに秀でた才能を持ち、芸術家として活躍しました。その姿は現代でも韓国女性の模範とされています。私は、そんな母親には、なかなかなれませんけどね（笑）。

色鮮やかな衣裳の伝統芸能の農楽も見られました

5000ウォン札を持った定番の記念撮影

この他、平昌《ピョンチャン》も訪れました。

2018年に平昌冬季オリンピックが開催されました。その3年前にここまでできていたのですね。その舞台へガイドの方が案内してくださいました。

「アルペンシアリゾート」には、98mと125mの高さを誇るスキージャンプ台があります。韓国唯一のスキージャンプ台で、2009年に公開されたハ・ジョンウ主演の映画「国家代表」のラストシーンはここで撮影されました。ドラマ「ホテルキング」（2014年）のロケ地にもなりましたね。

いよいよ江原道の旅も終わり。次は列車に乗るのです。

原州《ウォンジュ》駅へ。あら？

オモモ！（あらら）

駅の看板に、「ウォンジュえき」って、日本語表記があるじゃないですか。すごいです！

到着すると間もなく、原州駅のみなさんによる歓迎セレモニーが始まりました。私達のために日本語で挨拶をしていただきました。

笑顔のすてきな女性の駅長さんに見送られて、江原道を後にします。

「ウォンジュえき」の表記

原州駅

歓迎の演奏会をしていただきました

黄色いベストのアジョシ（おじさん）は「私は文化教室で、日本語を習っています！」と嬉しそうに日本語で話してくれました

わーい！　KORAILに乗ります。なかなか列車には乗れませんので、思わずはしゃいでしまいました。

売店で何か買うつもりでしたが、そんな時間もありません。車内販売があるとガイドさんが言っていたはずなのに、待てど暮らせどやって来なかったです。

ウトウトしながら1時間半ほどで、ソウルへ着きます。

別れ際に江原道からお土産をたくさんいただきました。時節がら消毒液とウェットティッシュもありました。旅の必需品ですね。

快晴の韓国を後にし、米子鬼太郎空港に着いたら、雨が降っていました。

今回のツアーでは、江原道のチェ・ムンスン知事はじめ、各地で大歓迎していただき、日本語を一生懸命話してくださったり、笑顔で迎えてくださったり、とても感激しました。

ツアー参加者のみなさんの中には、ソウルへは何度も来たことがあるけど、地方を

KORAIL　鉄道を運営している韓国鉄道公社（Korea Railroad Corporation）のこと。KORAILの愛称で呼ばれる。

初めて周った方も多く、雄大な自然、美味しい食べ物、温かい歓迎を満喫して、江原道の良さを改めて実感していらっしゃいました。また、ゆっくり友達と江原道を周りたいとおっしゃっていただきました。ただし、揺れない船で、と。

地方って、郷愁を感じるような、どこか懐かしいイメージのところがたくさんあって、落ち着くんですよね。結構ハマりますよ、地方の旅。高速バスやＫＯＲＡＩＬや船や車での遠出も楽しいものです。

結局、江原道ではあれだけ騒がれたＭＥＲＳの心配は一切なく、感染者も出ずに無事に帰国できて何よりでした。

第7章　韓国が大好きと言ってはいけないの？

２０１５年６月、「おがっちと行く江原道ツアー」は、韓国でＭＥＲＳ（中東呼吸器症候群）が猛威をふるっている最中に行われました。

その頃の「感染地域」は、京畿道《キョンギド》とソウルの一部で広がっている状態で、江原道では感染者も出ていなかったのですが、「今、韓国に行ったら危ない」、「帰国後２週間は仕事に出るな」と言われた申込者もおられ、半数以上の人がツアーをキャンセルされました。

それでも渡航禁止までの措置には至らなかったので、ツアーは催行されました。

迎えてくださった江原道のチェ・ムンスン知事は、ＭＥＲＳ感染の不安もある中、たくさんのツアーキャンセルがあった現状を話しておられ、「こんな大変な時に、よくぞ来てくださいました。感謝します」と大歓迎をしてくれました。

私もその大歓迎が嬉しかったので、知事と２人でハートマークを作った笑顔の写真をＳＮＳにアップしました。

すぐさま、私のＳＮＳは大騒ぎになりました。

「はい、ＭＥＲＳ感染者、日本人１号決定！」、「この時期に韓国行くなんて頭おかしい」、「日本に帰ってくるな」、「日本にMERSを持ち込むな」など、知事との笑顔の写真が激しいバッシングとともにSNSに拡散されました。

インターネット社会、その拡散力はすさまじく、私への罵倒、嘲笑、中傷、侮辱コメントが続々入ってくるのを韓国でリアルタイムで読んでいました。ついさっきまで、江原道のみなさんが笑顔で大歓迎してくださり、楽しい昼食会をして、これからも交流を続けましょうと言ってくださった幸せな時間だったのに。私は、日本に帰ってはいけないの？

顔の見えない人達が私に続々と攻撃的な言葉を投げてきます。攻撃的な言葉って本当に人を撃ちますね。気持ちが落ち込んで、どんどん不安が募っていきました。

SNSの怖いところは、否定的なコメントが声高にどんどん拡散されていくところです。

そこだけ見ていると、日本国民の大多数から暴言を浴びせられていると錯覚してしまいます。こういう時は、マイナス部分にだけ、どうしても意識がフォーカスしてしまうのです。

自分の発言がＳＮＳを通じて否定的、攻撃的に騒がれ炎上するということは、こういうことなんだ、どうしよう、怖い、と旅先でのショックは大きかったです。

ツアーで仲良くなった方にこのことを話したら「ＳＮＳで攻撃する人はごくごく一部ですからね。おがっちさんの周りの人達は、この写真で笑顔になってますよ」と励ましてくれました。

そう、実際にツアーで歓迎してくださったみなさんは、本当に温かく接してくれました。また、私を知っているＳＮＳのフォロワーのみなさんやお友達からは、「知事とハートマークなんて、さすがおがっち！」、「楽しそう！　私も行きたかったわ」というコメントも確かに寄せられていたのです。

顔も知らない罵倒組と私の周りの笑顔組、どちらを信じるかと言われたら、笑顔組に決まっていました。そうでした。ネガティブな方向に引っ張られていたんですね。

放送の仕事をしていても、いろいろ言われることがあります。

私のレギュラー番組、エフエム山陰の**「おがっちのレトロ本舗」**で、「韓国大好き」と話しただけで、すぐに投書がくる時期もありました。

「おがっちのレトロ本舗」
おがっちと安来のおじをパーソナリティーに据え、レトロな選曲と楽しいお喋りでお届けするラジオ番組。毎週金曜日の17:05〜19:00にＦＭ山陰で放送中。２０１９年に放送開始20周年、放送１０００回を迎える。

「韓国大好きとか言うな」、「放送に携わってる人間が言っていいのか」、「竹島のある島根県在住のアナウンサーが韓国のことを良く言うな」、「あの国がどんな国だか知ってますか」、「〇〇」など。ちょっと前までは、こういう投書を目にする度にいちいち傷ついていました。

「韓国大好き」は、例えば「アメリカ大好き」とは異なるニュアンスで受け止められます。「韓国」だけ特に敏感に反応されるのです。

日韓の間には、いろいろな問題があります。知っていますよ。「あの国がどんな国か」。はい、もちろん、知ってます。10数年、韓国に触れてきて、何回もホームステイしたり、お友達もたくさんいます。歴史やいろんな問題についても何度も学びました。

投書を送ってきた人達の言う通りに、「嫌い」と言っただけで何か解決するのでしょうか？「国交断絶」で問題は解決しますか？　と反論したい気持ちはぐっと押しとどめて、ただただ、やり過ごしました。韓国ドラマを観て、気持ちを切り替えていました。

攻撃してくる人よりも、私は韓国についてもっと知っているし、触れ合ってきたのですもの。そして、よりよい解決策を探っている前向きな日本人であるのです。

むしろ、問題解決に向かいたい。これは胸を張って言えることです。

尊敬する俳優の黒田福美さんに言われました。

「公に韓国のことを発信すること、どうせ簡単だと思って始めたことではないと思います。お互いに。大変なのは覚悟の上。仲間を見つけられて本当に嬉しいです」

そう！　そうなのです。韓国のことを追求していくことは、簡単なことではありませんでした。いちいち傷ついてきました。誹謗中傷罵詈雑言罵声悪口（漢字だけでも怖い）って負のオーラがとんでもないです。韓国のことに限らず、ＳＮＳ上でもこんな言葉でいじめられるって辛いですよね。ほんと、人には絶対こんな言葉を言ってはいけない！　と改めて思いました。

のび太がドラえもんに「ジャイアンにいじめられたよー」と泣きつくと、ドラえもんが思わぬ道具を出して助けてくれますが、私にとってのドラえもんは、福美さん、そして、韓国を愛する仲間達でした。

「韓国のことでいじめられたよー」と泣きつくと、「大丈夫、大丈夫」、「私達も韓国が大好きだから」、「気にせず放っておきましょう」、「竹島問題のおひざ元島根で交流活動を続けているなんて、私は心から応援いたします。何でもしますよ」

福美さんからの嬉しいお言葉や仲間達の励ましで、元気になれました。

だから私も、韓国が好きなのに周りのニュースで心を痛めている人や、一部の情報を鵜呑みにしてとやかく言ってくる人達から攻撃されている人達がいたら「大丈夫、大丈夫」と笑顔で言ってあげたいのです。

第8章　おがっちの韓国さらん公開講座

２００３年に韓流ブームがやってきて、多くの人が韓国ドラマを観るようになりました。これまでの自分の経験から、韓国の文化や風習を知ればより韓国ドラマも楽しめると思い、当時の国際交流員さんや韓国語教室で知り合った方々と、「韓国サランヘ会（愛する会）」という勉強会を始めました。

韓国の食について、家族、暮らしぶり、兵役などなど、生活習慣や歴史、文化の話を聞いていきました。韓国は日本の隣国なので、日本と同じようなイメージを持っていた部分もありましたが、やっぱり「外国」だなと感じることもたくさんありました。

そして２００５年、「竹島の日」の制定以降、韓流ブームの真っただ中、島根では「韓国のことはタブー」といったムードになりました。竹島の日の記念式典では、毎年、要望書が提出され、竹島返還要求が厳粛に行われます。会場の外では「竹島返せ」とシュプレヒコールが巻き起こり、激しいパフォーマンスと小競り合いが繰り広げられます。

松江市内の喧騒を見るにつれ、なんだか重い気持ちになりました。もちろん、円満に領土問題は解決してほしいです。

でも、なんでしょう？　こんな日韓関係の「現実」を目の当たりにして、複雑な思いになる「竹島の日」。

目の前の小競り合い、つまり国と国のいがみ合いを目の当たりにしてしまうこの日、島根県民だけがこんな複雑な気持ちになるのは、なぜだろうと考えました。島根県に住んでいる私にできることは何だろうと。

韓国俳優やK－POPアーティストのイベントに行くと、会場全体が「大好き」、「愛してる」オーラで包まれます。ステージの上からは感謝の言葉や「愛しています」と日本語で言ってくださり、ハートマークや投げキスのパフォーマンスがあり、ファンはキュンキュン、目がハートになっています。キレキレダンスと魅力的な歌で、感動のステージを披露してくれて、それはそれは幸せな空間なのです。

もしかして、彼らの国との問題なんてないんじゃないか？　日韓の関係は良いんじゃないか？　とさえ思える場所です。

なのに、島根に戻ると「竹島の日騒動」や「島根県民が韓国好きとか言うな」発言に直面します。どうしよう。どうしたらいいの。何すればいいの。

そんな悶々としていた２０１３年に、友人で松江市在住のミュージシャン、浜田真理子さんが「スクールＭＡＲＩＫＯ」を始めました。これは、東日本大震災・福島第一原子力発電所の事故やその後の被災地のことを参加者と学ぶ講座です。原発賛成や反対を声高に叫ぶのではなく、純粋に原発の現状を学ぶこと、報道されていないような現場の声を聞くという勉強会でもあります。

島根県松江市は、全国の県庁所在地で唯一、原子力発電所が立地しています。原発に携わる仕事をしている方や企業もたくさんある松江市で、そのような活動をするだけでも勇気のいることです。今、自分にできることをやる、自分にしかできないことをやる！　という真理子さんの行動は、私に勇気をくれました。

「おがっちも、やってみれば。応援するけん！」

浜田真理子さんのこの一言で、思いました。

そうだ！　私もこの島根県で、竹島のある島根県で、勉強会をしよう！　もっと島根県の人達に韓国のことを知ってほしい。

竹島の日の報道だけではなく、メディアの偏った情報だけでなく、日韓で多方面に活動している方々の話をみんなに聴いてもらおう。韓流女子も、「嫌韓」の人も、韓国についてよく知らない人も、みんなで学ぶ講座を立ち上げよう！　浜田真理子さんの励ましもあって、私も勇気を出しました。

私にできることは今、これだ!!　バッシングされて上等！　私がやることに意味があるのだと。

２０１３年12月から、当時私が所属していたＮＰＯ法人松江サードプレイス研究会の主催で「おがっちの韓国さらん公開講座」がスタートしました。

スタッフは韓流大好きな仲間達（全員女子）で、仕事の合間にお手伝いしてくれました。打ち合わせの合間には、あの韓ドラがおもしろい、あのＫ－ＰＯＰアーティストがかっこいいと盛り上がりました。韓国のことを理解する、楽しい集いにしたいとみんなで一丸となって準備をすすめました。

ここで、これまで開催してきた「おがっちの韓国さらん公開講座」を紹介します。

（講師の方の肩書は開催当時のものです）

2013年

歴史や文学から韓国を学ぶ

ゲスト：崔在佑（チェ・ジェウ）先生（島根大学外国語センター特別嘱託講師）

韓国についての基本情報や、ソウル一強の実情や儒教の社会についてお話いただきました。また、「**檀君神話**」と「春香伝」が韓国ドラマの根幹にあることについてもお話しいただきました。「春香伝」のお話は何度も映画化されています。リメイク版やスピンオフ版も作られたりしているので、改めて「春香伝」の原作を読んでみると、その世界をより楽しむことができます。

崔先生には「みなさんが熱心に韓国のことを勉強してくれていることを嬉しく思います。心から感謝申し上げます」と言っていただきました。

檀君神話
古代朝鮮の建国神話。天孫の檀君が紀元前2333年に古朝鮮を開き、その始祖になったというもの。

ドラマを通して知る韓国

ゲスト：山下英愛先生（立命館大学講師）
著書『女たちの韓流〜韓国ドラマを読み解く』

韓国ドラマでは人々の生活や社会が描かれ、女性の生き方についても色濃く反映されています。講座は「韓国ドラマの歴史と社会相」のお話から始まり、「２０００年代以降のドラマが映し出す社会―家族・女風・多文化」についてもお話しいただきました。

中でも「女風―女性の社会的活躍」というテーマで、「善徳女王」の時代から韓国の女性がすごく活躍していたことが印象的でした。韓国では、政界、軍事関係、経済界などでも多くの女性が活躍しているのです。ドラマで女性が奮闘する姿を見て勇気づけられることも多く、私達日本の女性も頑張ろう！　と思うことも多いです。

山下先生から「島根県というと領土問題に敏感というイメージがありますが、韓国のおやつを食べながら講座が始まるのを待つ、みなさんの雰囲気が楽しそうなことに驚きました。あちこちでドラマの講座をしますけど、島根の盛り上がりは、すごいで

す！　このパワーをどんどん広げていってください！」と言っていただきました。

女性が元気なことはいいことです。国境を越えて、韓国の女性のパワーにも触れてみたいですよね。そうそう、そんなふうに交流を広げていきたいんです、と思いを強くしました。

2014年

薩摩焼と朝鮮陶工の命脈

ゲスト：沈壽官（チン・ジュカン）先生（薩摩焼十五代）

約400年前の豊臣秀吉の朝鮮出兵により、祖先が日本に連れて来られた歴史を話されました。この朝鮮陶工の技術から、萩焼、有田焼や沈家の薩摩焼などが生まれたそうです。

また、韓国と日本の文化の違いの話も印象的でした。韓国は王朝が変わると「焼き物の色」も変わるのです。それはつまり「古い過去のもの」を否定して、新しいもの

をつくる「否定↓創造の文化」を意味します。古いものを保存するという意識はあまりありません。一方、日本は「保存↓活用の文化」です。古いものはなるべく保存し、新しいことに活用する習慣が根付いています。これらを踏まえると、韓国の社会やドラマについても、いろいろなことが理解できます。

その他にも、韓国での有名大学院入学を拒否して、キムチ甕工場に飛び込んだご自身の修業話、『故郷忘じがたく候』を著した司馬遼太郎先生と先代の交流のお話、将来のビジョンなど、本当に貴重なお話を聴くことができました。

最後に言われた言葉がとても心に残りました。「世界を見て、ローカルをとことん追求すること。ローカル薩摩にこだわって、追求して、いい作品を作っていきたい」。「ローカルの追求」。島根も日本の中で「ローカル」と位置付けられます。一方で、世界はローカルの集まりだという考えもあります。ローカルを追求することが世界につながっていくんだというお話を聞いて、私もローカル島根を追求していこうと思いました。

記憶の中の風と人　写真家が綴る韓国（1970―2014）

ゲスト：藤本巧先生（写真家　島根県出身）

藤本先生を知ったのは、インターネットで数年前に見た1枚のモノクロの写真がきっかけです。その写真には地方の農村の子どもが写っていました。その写真について調べていくと、当時のＮＨＫ番組のテキスト「テレビでハングル講座」の表紙を撮影している写真家が藤本先生だということが分かりました。景福宮《キョンボックン》の国立民俗博物館で写真展もされていました。

そんな方がなんと島根県出身だというのです！　すぐさま、写真集**『韓《から》くに、風と人の記録』**を入手しました。そして、ＳＮＳで藤本先生を見つけ、思わずコメントを送ると、すぐに返事がありました。島根県の話をすると「大社町出身です。実家は竹内まりやさんの実家の近くでした」とのこと！

それから、何度もやり取りをさせていただき、私の講座でお話いただけるようになりました。島根初講演だったそうです。ＳＮＳって、直接ご本人と前向きなやり取り

『韓くに、風と人の記録』　2006年、フィルムアート社刊。1969年から37年間、韓国を撮り続けてきた写真に識者の「時代の証言」を加えた書籍。著者の藤本巧氏は島根県出身の写真家で、10代のころから韓国の風土と人びとを撮り続けている。

ができる良い側面もあるんですよね。

「藤本巧」というお名前は、お父様が「浅川巧」のように生きてほしいと名付けられたとのこと。浅川巧は、林業技師でありながら朝鮮陶磁や木工を研究した人物です。彼が生活した当時の朝鮮半島では、日本の植民地統治のなかで、朝鮮の人達への蔑視や差別がありました。それでも彼は朝鮮の国と文化、人々を理解しようとし、心から愛したといいます。本や映画「道―白磁の人」などで、その人生が描かれています。

藤本先生は1949年生まれです。その当時にすでに、浅川巧さんの本を読んでおられたお父様にも敬意を表したいです。

さて、講座では、20代の頃から韓国に渡り、柳宗悦、河井寛次郎、濱田庄司が旅した紀行文を手に韓国を旅し、それから40年以上にわたって韓国の風土と人々を撮り続けた想い、そしてこれからの夢についても語られました。

韓国では1970年以降、農村を近代化する**セマウル運動**が始まり、藁葺き屋根の家や、味わいのある建築、石垣の村などがみるみるなくなっていったそうです。修復

セマウル運動　主に農漁村で行われた地域社会の開発運動。セマウルは「新しい村づくり」という意。

ではなく、建て替えていったのです。韓国は「壊す文化」という、前回の講座の沈壽官先生の言葉と重なります。そんな消え行く風景を藤本先生は撮り続けました。

藤本先生が撮り続けた写真とネガ、４万７千点あまり全てを景福宮の国立民俗博物館に寄贈された話には驚きました。ゼロになって新たに撮る意欲が湧いた…という言葉も印象的でした。

別れ際に、藤本先生から「韓国を学んでいくことは、本当にいいことだから、続けていってくださいね」と励ましの言葉をいただきました。ありがたいお言葉でした。

2015年

韓国暮らし30年の楽しみ方

ゲスト：黒田勝弘先生（ジャーナリスト）

１冊の本、**『韓国は変わったか？　ソウル便り10年の記録』**がきっかけになりました。タイトルが気になり手にしたのですが、２００４年の韓流ブーム真っただ中、韓国の

『韓国は変わったか？ソウル便り10年の記録』
２００４年、徳間書店刊。金泳三政権から盧武鉉政権発足までの10年間の韓国の軌跡を綴った書籍。社会風俗の変化、グルメにいたるまで幅広く執筆されている。

ことをいろんな面から知りたくて、一気に読んだことを覚えています。

この本は、黒田先生が産経新聞のソウル支局長だった頃に書かれた「外信コラムソウルからヨボセヨ」（ヨボセヨ＝もしもしの意）の1993年から2003年分をまとめたものでした。コラムでは政治や経済、また、歴史や庶民の生活、そして北朝鮮のことや韓国と日本の関係、そして黒田先生が大好きな「食」のことなど、韓国についてありとあらゆることに触れられています。新聞記者として、10年にわたって激動の韓国を見つめ続けてこられたコラムです。

私が初めて黒田先生のお話を伺ったのは、2013年2月22日。竹島の日の記念式典での講演でした。講演の最後に、「韓国は奥深い国。だから、韓国にずっと住み続けている」という言葉が印象に残りました。式典の関係者の方だけが聞くのはもったいないお話で、もっとたくさんの方に聞いてほしいという思いから、講座が実現しました。

講座では「韓国暮らし30年の楽しみ方」というテーマでお話しいただきました。

韓国が好きでどうしても住んでみたいという思いから、暮らしてみて初めて分かったこと、ジャーナリストの目でみたアレコレなど、冗談を交えながらの楽しい講座でした。

お話の中で、「お隣の国、韓国とは、似てるけど違う、違うけど似ている『異同感』というものがある」と言われました。本当にそうですよね。だから、日本と同じだと思ったら大間違いなこともあったり、でも、違うと思ったら同じことだったり。実際に韓国へ行って、いろんな場面で戸惑うことがありました。

また、韓国のマスコミは、こうあるべきだ！　こうなのだ！　と扇動的な表現が多

いそうです。反日報道でも、煽りが強い表現ほど盛り上がるわけですが、そんな記事を読みながら、一般の人は日本のビールやお酒を飲んで、日本料理が美味しいと食べています。日本のアニメや村上春樹などの作家も大人気です。曰く、「昼は反日、夜は親日」なんだそうです。

最後に質問しました。

「島根在住の人は、韓国で島根から来ましたと言いにくいのです。領土問題について何か言われたら？」

「堂々と言えばいいですよ。島根から来ましたって。竹島は島根のもの、独島は韓国のもの。自分はいつもこう答えています！」

強く激励されたようなお答えに、なんだか、ふっと肩の荷がおりたように感じました。

自己流日韓交流30年来し方、行く末を語る
～違いを知って、上手に付き合う～

ゲスト：黒田福美先生（俳優）

2001年、映画「JSA」と「シュリ」に感動していた頃、この映画をおもしろく感じるには、もっとお国事情を知らないといけない、単に映画としてだけでもおもしろいけど、もっと背景を知ったら、深く感動できるのでは…と思っていた当時、韓国のことを知りたい欲求が高まり、書店でいろいろ探していたところ、黒田福美先生の**『ソウルマイハート』**が目にとまりました。福美先生は、一人の韓国のバレーボール選手に興味を持ち、そこから韓国への扉が開かれたのですよね。

この本を読んで、福美先生に一方的に親しみをもつようになりました。俳優さんですからテレビの中でしか見られない方なのに、なんだかとても身近に感じることができました。

そして、『ソウルの達人　最新版』！　これなくして、私の韓国への扉は（ビョン

『ソウルマイハート』
芸能界きっての韓国通で知られる俳優・黒田福美の韓国への関心の始まりについてや、ソウルでの異文化体験記が綴られた書籍。

ホンを除いては）開かれませんでした。２００２年、私が初めて韓国に行った時に、とてもとても参考にさせていただきました。この本を手に、占いコルモク（横丁）に行ったり、あちこち周りました。

韓国への扉が開かれてからというもの、韓国のことを知ろうと勉強したり、映画やドラマ、Ｋ－ＰＯＰに魅了されたり、韓国との間にいろんな問題があることを知り、感動したり落ち込んだりの18年…いつも福美先生の本に、勇気をもらっていました。福美先生は表に出る人ながら、バッシングを受けても負けじと活動されています。仕事への影響を考えて活動を自粛するよりも、自分の興味、関心を追求されている姿勢に、とても憧れています。私なんてまだ全然大したことないわ！　と、また、元気が出るのでした。

いつかは、福美先生に講座のゲストとして来ていただけたらいいなと漠然と思っていたら、ご縁がつながって、夢が叶いました。夢見ておくもんですね〜。これが、黒田福美先生にとって初めての島根県講演でした。

福美先生には初めて会った気がしなくて、昔からのお友達のような、オンニ（お姉さん）のような、とても包容力のある方なのです。雑談していても、とても聞き上手で「あら、そう、そうなのー」っていう相槌が心地よくて、こちらがついついたくさん話してしまい、あれもこれも聞きたかったーってなるんですよね。話し上手は聞き上手。本当にその通りの方です。

福美先生は、韓国との交流歴30余年です。

なぜ差別というものがあるんだろう、という疑問から、韓国について学んでいかれたそうです。それから、NHK「アンニョンハシムニカ　ハングル講座」で韓国語を学び始め、１９８８年のソウルオリンピックの時期の韓国、90年代「近くて安くて行きやすい」と言われた時期の韓国、２０００年代の韓流ブーム、そして、「反韓、嫌韓」という言葉が生まれるまでの流れをずっと見てこられたのです。

おだやかな口調ですが、これまで数多の困難に負けずに突き進んでこられたパワーを奥底に感じました。

ご自身が出演なさった、韓国ドラマの裏話もお聞きしました。韓国は儒教を重んじる国なので、年上の人をとにかく敬うというのは知っていましたが、撮影の順番も主役からではなく、年上の人からということがあったそうです。驚きですよね。それから、年齢設定よりは、かなりオーバーに老けメイクをするんだそうです。文化の違いというのは、本当に興味深いです。

その他、日本と韓国の表現の仕方の違いもおもしろいです。

例えば、お金を貸してほしい時、日本人なら「できたら、お金を貸していただけると嬉しいんですが」というような言い方をしますよね。

この表現は、韓国では意味が伝わらないそうです。「あーそうですか、嬉しいんですね」で、終わるのです。奥にある、「本当は貸してほしい」というニュアンスを汲み取ったりしてくれないのです。「お金貸してください」と単刀直入に言わないと伝わらないのだそうです。日本では、逆にそんなストレートな言い方をしませんよね。

また、価値観の違いも大きいです。日本人は仕事をする時にミスしてはいけないと、あれこれ考えて用意周到に仕事を進めますよね。韓国人にとっては仕事にミスは付きもの、ミスをしたら、そこから学べばいいではないかと考えるそうです。おおざっぱで「ケンチャナヨー（大丈夫です）精神」なんです。

日本人が美徳とする「清貧」という概念についても、韓国人にとっては、あくまで貧しくてみじめなことで、全然美徳ではないと考えられています。その他、「配慮」や「道徳」という概念も、日本人には当たり前のことですが、なかなか伝わらないんですね。

隣国だから似ているようでも、分からない、通じないことがあるのは価値観の違いがあるからです。この価値観の違いを分かった上で、お互いを理解していかないと、と改めて思いました。

そのためにも、旅をすることは大事です。実際に人と触れ合わないと、そのあたりのことはなかなか実感できません。

ニュースやネット上の報道は、過剰な部分を流します。韓国と一口に言っても、韓国全土、全国民が報道されているように過激ではないです。もちろん、日本もそうですよね。一部の過剰な部分だけが、報道されていることも多いです。

実際のところはどうなのか、自分の手触りで感じてほしいのです。理解の早道は、旅。触れ合って、自分で感じてほしいと思います。
とにかく、旅をしましょう。情の深いアジュンマ（おばちゃん）達がたくさんいますよ。

お話に聞き惚れていると、あっという間に時間が経ってしまいました。まだまだお話をお聞きしたかったので、福美先生にはもう一度、島根に来ていただくことになりました。

2016年

黒田福美の韓国ぐるぐるトーク

ゲスト：黒田福美先生（俳優）

今回、福美先生は初めて島根県の**竹島資料室**をご覧になりました。そこで「事実を見てもらうことが大事。すぐに論破したがる韓国人と、議論することに慣れてない日本人ですが、よく事実を知って発言していくことが大事ですね」とおっしゃっていました。

竹島資料室には講座参加者の半数近くも行ったことがない、とのことだったので、ぜひ行ってみてほしいです。私が以前行った時は、竹島のボールペンや缶バッジといったグッズももらいましたよ。

さて、講座では、福美先生の著書**『韓国ぐるぐる』**をもとに、韓国の地方を巡る旅のお話と、韓国が世界に誇る「韓国仏教」、「儒教」、「韓方」についてお話しされまし

竹島資料室
島根県所有の竹島関係の公文書や、資料を公開・展示している施設。
【所在地】島根県庁第3分庁舎2階（島根県松江市殿町1番地）
【開室時間】9時～17時まで
【定休日】火曜日、年末年始

『韓国ぐるぐる　ソウル近郊6つの旅』
2013年、アスク刊。黒田福美がソウルでは体験できない韓国の地方旅の魅力を紹介する1冊。

た。

韓国のマスコミは一つの論調でしか報道せず、国民は大きな声で自分の本音の意見を語れない雰囲気があります。日本では一つの問題について多方面から報道できますし、各々が意見を言えます。私達はその報道に触れていろんな角度から理解することができますよね。ニュースに接する環境も、違うのです。韓国の国民性をまず理解して付き合うこと、情報を多方面から与えられていないというところも理解する必要がありえます。相手を理解して敬いながら、交流していくといいのに、との思いを新たにしました。福美先生が、韓国では日本人としての誇りをもって、ふるまっているという話も印象的でした。

また、地方を巡る旅が本当に楽しいというお話もされました。いつもリュック一つで、宿も事前予約しないでふらっと旅をするのが好きだそうです。

電車に乗り遅れそうになって「待って〜！」と走ったら、電車が停まってくれたとか。そういう大らかな韓国のエピソードもたくさんありました。

今まで30数年、韓国との交流活動を続けて、その時々にいろいろな問題にぶつかり、何度もたくさんの越えなければならない山があったと言われました。でも、明けない夜はない。粛々と覚悟を決めて、交流していくこと。

その通りです。ほんとに、深くうなづきました。

福美先生の「粛々と」という言葉を聞いて、勇気をいただいたような気持ちになりました。

参加された方々からも、「とても和やかな講座で気持ち良かった」、「難しいと思っていた問題でも、もっと知っていくことが大事だと思った」、「お話を聞いて、もっともっと韓国が好きになりました」、「福美先生の言葉に勇気づけられた」、「もっと地方を旅したいと思った」、「また、韓国語の本を読みたくなった」などたくさんの感想をいただきました。

最後に先生から「聞いてくださるみなさんが、心一つだから楽しかったです」とも言っていただきました。今ここに、「愛に溢れる場所」が作れたかな、と嬉しかったです。

憎しみからは何も生まれません。今ある問題を客観的に多方面からみんなで考えて、口に出して話し合っていくこと。コミュニケーション不足が問題を生むのです。それは、身近な人間関係でも同じですよね。私達も理解していく努力を、そして、韓国の方にも日本を理解してもらう…。それは、文化を通じたり、旅をしていくことで、つながっていきますよね。

「旅をして感じてください」

福美先生のこの言葉の通りですよね。

韓国の嫁ばなし ～本当に韓国ドラマと同じだった～

ゲスト：芝由紀子先生（UNNAN多文化まちづくりカフェ代表・日本語教師）

芝先生が韓国で日本語教師として働いておられた頃にご主人と知り合い、ご主人から積極的にアプローチされたという恋愛エピソードから結婚までの話、韓国人男性の嫁としてのエピソードをお話しされました。

結婚を約束した後の家族の大反対を乗り越え、めでたく結婚し、今度は「嫁」となってみての出来事、シオモニ（義母）が絶対的権力を持つ韓国の家庭の様子は大変興味深かったです。とにかくシオモニは息子が大好き、息子の嫁も大好き、その愛し方のすごいこと。スキンシップが激しく、一緒の布団で寝るし、とにかく食べろ食べろといっぱいご飯が出てくる、しょっちゅう電話をしてくる、子どもはまだかまだかと聞いてくる、親戚がやたら干渉してくるなど、本当に韓国ドラマで観ている風景なんだなーとその光景が目に浮かぶようでした。

韓国人は情が深いということは聞いていましたが、本当にその通りでした。気持ちをストレートに伝えないと気がすまないのですよね。愛してるという気持ちが家族の間でも溢れているんですね。その溢れて溢れて、だだ漏れなところが本当にすごいです。

日本でも、もちろん愛情表現はあるけど、そんなに愛を溢れさせるのは恥ずかしいというか、遠慮するというか、言わなくても分かるでしょ的な（ほんとは言わないと分からないのにね）表現をします。やはり、そのあたりがとても違うんだなと思いました。

私にも20歳を超えた息子がいますが、さすがにスキンシップはしないし、息子の嫁はまだいませんが、一緒の布団で寝ようとは思いません。でもほんとは私も大きな息子をぎゅっと抱きしめたいですもの。ほんとはね。しませんけどね。

単にほっこりするだけでなく、愛情表現の表れでもある過度な干渉が時には日本人にはストレスになるということも言っておられました。異国で暮らすことは本当に大変ですよね。日本でも、嫁姑問題はよくあることですし、異国だとさらにいろいろ大変なんでしょう。愛情表現と分かっていても…ね。

ご主人のイ・ジェジンさんは、日本の国際交流員になろうと資格をとって島根県雲南市に赴任されました。そんなジェジンさんに「どうして、日本に来ようと思ったのですか？」と質問したら「由紀子の国だから。由紀子のために日本で暮らすことにしたんです」と答えられました。愛に溢れるその言葉にまた感動したのです。日本の男性なら絶対にない発言ですよね（笑）。

「韓国で、日本の歴史問題や領土問題について、何か嫌な思いをしたことがありますか？」と質問すると、「ありますよ。一部の限られた方から言われたことはあります。それでも家族や親しい人は、国の問題はあるけど、由紀子は悪くないから！　愛してる！　なんですよね」と言われました。

そうです。結局、愛ですよね。お二人は今では島根県雲南市に移住して、家族で「多文化カフェＳｏｂａｎ」を営んでおられます。

韓国と日本の間には、過去の歴史問題や領土問題などがあるけれど、国や歴史を越えて、人と人、個人の間は仲良くなれますよね。ほんと、そう思います。

この他、韓国出身のアーティストの方達にもトーク&ライブに来ていただきました。
やはり、生の歌やパフォーマンスに触れてみることは大事なことですよね。

その後の「おがっちの韓国さらん公開講座」について

現在は、私が運営している「**カルチャースペースさらん**」で、定期的に「韓国ドラマのつどい」、「K－POPのつどい」、「韓国さらんカフェ」などを開催しています。

周囲のことを気にせずに、韓国のことを思い切り大好きと叫んだり、疑問質問に私がお答えしたり、勉強会をしたり、ファン仲間を見つけたり、韓国が好きな人達が集まっている空間です。

いろんなことを言う人がいるけど、ここに来るとハッピーな気持ちになれるという場所作りに励んでいますので、よかったらお気軽にいらしてくださいね。これまでイジメられる側の弱虫の「のび太」だっ

講座スタッフのみんなと。韓服試着体験も♪

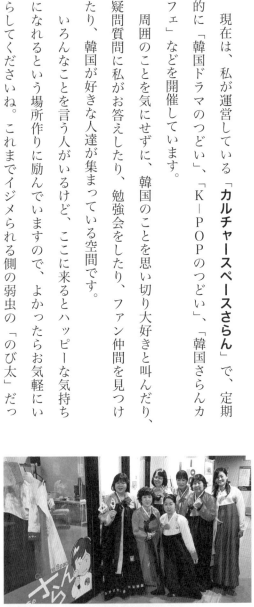

た私が今や「ドラえもん」になって勇気づけてあげる立場になり、みなさんと一緒に韓国のことを学び、楽しんでいます。

これからも年に一度は、ゲストをお呼びしてイベントや講座などを企画したり、相互理解のための講座や講演なども定期的に行っていく予定です。

松本邦弥さんのこと

「今井書店の松本さん」は、「おがっちの韓国さらん公開講座」で毎回、韓国関係の本をピックアップして、すてきなポップを作って本の販売をしてくださっていました。

松本さんは、スタッフの誰よりも早くやって来て会場設営を始めていて、会場までのルートに手作りの立看板やポスターを設置し、会場に大きな垂れ幕をデカデカと掲げてくださいました。場所によってはそれがハラリと落ちてきたりして「あらー、ごめんごめん」と照れ笑いをされていたのが印象的でした。もちろん書籍の造詣も深く、韓国関連の本もたくさん教えてくださいました。

カルチャースペースさらん

おがっちが運営企画する、カルチャーを通じて、コミュニケーションを自由に行うフリースペース。「韓国ドラマのつどい」「K－POPのつどい」など、韓国エンタメや韓国のあれこれについて語り合う企画や、「レトロソングのつどい」など、文化を通じて楽しむイベントなどを開催中。レンタルスペースとして貸し出しも行っている。

【所在地】島根県松江市千鳥町83　松江しんじ湖温泉内COCOMATSUE 1階

ある時、「わし、実は黒田福美さんのファンでね。おがっちの講座手伝ってて良かったわ！」と照れながら耳打ちしてこられました。福美さんとツーショット写真を撮ってもらった時の松本さんの嬉しそうな笑顔が忘れられません。

「おがっちの韓国の話を聞くと韓国に旅したくなる。本にしてたくさんの人に伝えたいね。本ができたら、あちこちツアーしような！　わしがいっぱい売るから！」といつも温かく応援してくださっていました。

天国の松本さんへ。

おかげさまで本ができました。本当にありがとうございました。感謝を込めてこの本を贈ります。きっと天国でもすてきなポップを作ってくださっているんじゃないかな（笑）。

松本邦弥さん力作のポップの数々

第9章　浦項の日本人街のこと

慶尚北道浦項市には、日本文化に触れられる韓国の若者に人気のスポットがあります。「九龍浦《クリョンポ》日本人家屋路」です。およそ１００年前、香川県から移住した漁師達によって栄えた港町です。

現在では日本家屋が50軒ほど残っていて、「九龍浦近代歴史館」の開館とあわせて、２０１２年に日本人家屋路も整備され、浦項の代表的な観光地になりました。

そもそも、なぜ浦項という朝鮮半島東南部の小さな港町に、日本人街ができたのでしょうか。

『韓国内の日本人村』によると、１９００年代の初めに日本人漁師がやって来たそうです。当時、九龍浦はまだ漁業で栄えた町というわけではなく、「小さくて素朴な生活の場所」にすぎなかったといいます。ただ、魚がたくさん獲れる漁業の穴場でした。次第に、「九龍浦一体の海の豊かな魚資源にあこがれた」日本人漁師達がこの九龍浦に移住し、地元住民と関係を築きながら港町を発展させました。サバ漁で栄えて、それはもう大変賑やかな漁師町だったそうです。学校や映画館、芸者さんのいる料亭まであったそうです。

『韓国内の日本人村―浦項九龍浦で暮らした』
２００９年、チョ・ジュンウィ、クォン・ソニ著。浦項市発行、図書出版アルコ刊。日本人漁師が朝鮮半島・九龍浦に訪れることになった歴史的背景にせまった書籍。当時の関係者の子孫へのインタビュー記事も掲載。

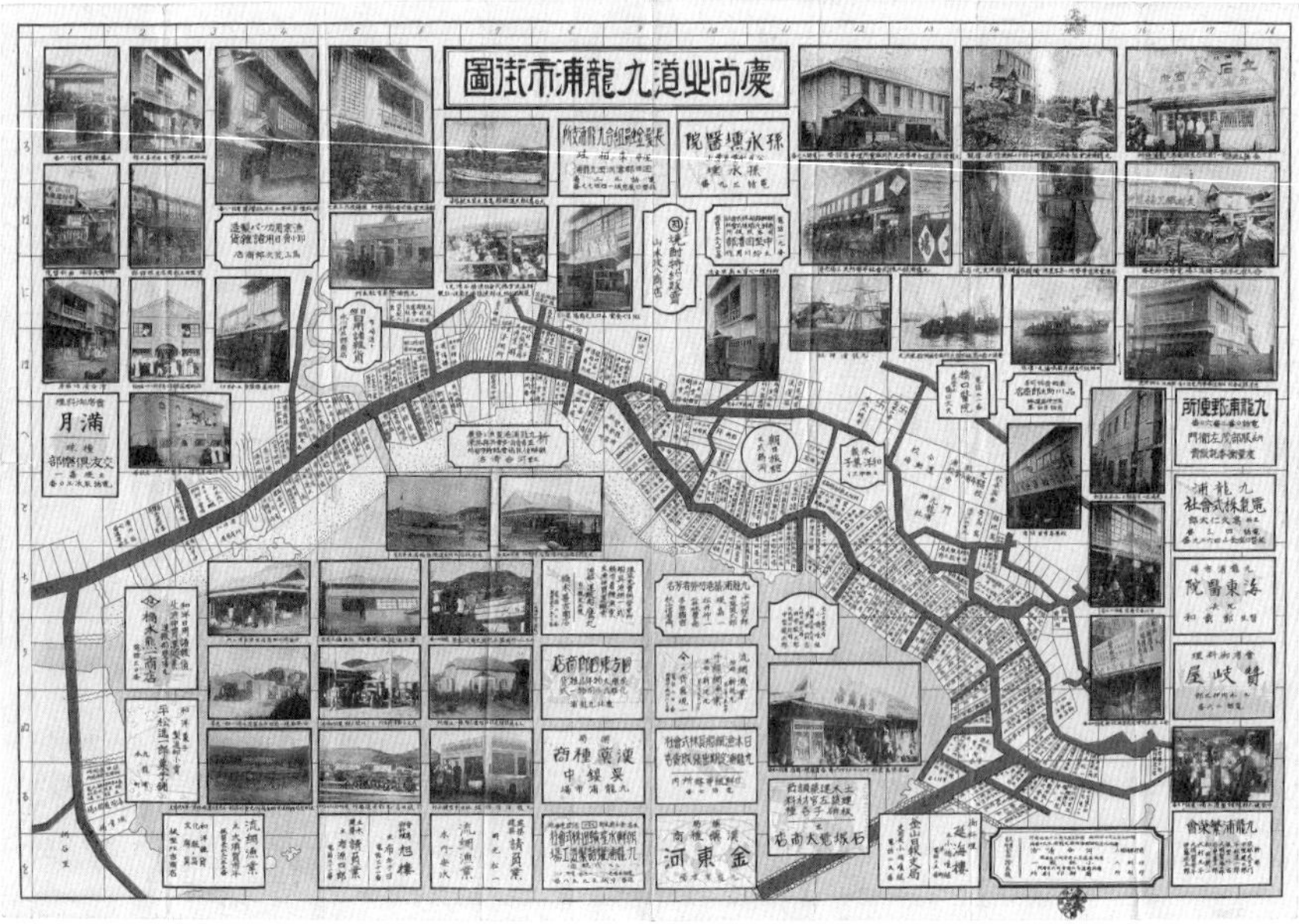

当時の日本人街の地図。いろんな施設があり、とても賑やかだったことが分かる
写真提供　ユン・ヨンスク氏

終戦後、日本人達が一斉に帰国した後は、日本家屋もどんどん老朽化していきました。九龍浦発展に貢献した日本人の名前が書かれていた石碑も、名前が消されていきます。

存在感のある巨大な石碑は、九龍浦発展の功労者、**十河彌三郎**を讃えるもので、九龍浦居住の日本人によって建てられたそうです。しかも、わざわざ十河の故郷、岡山県からこの巨大な石を取り寄せたのだそうです。終戦後に碑文は消されましたが、石碑そのものまで撤去しなくていいと、今ではこのような形で残されています。

十河彌三郎
岡山県から移住してきた日本人漁師達の中心的人物で、九龍浦港の防波堤建設も行った。1956年に山口県で亡くなった。

本当に大きい石で、功績が伝わってきます

私が最初にこの九龍浦を訪れたのは、２０１０年でした。

２０１０年頃、整備以前の石段はセメントで覆われていました。石段や両サイドの石碑に書かれていた日本語の記録もすべて覆い隠され、なんともいえない場所だったのです。このあたりに、日韓の悲しい歴史を垣間見ることができます。

この石段を上がると遊具などがあります。地名の由来になった「龍」の像もあります。

２０１０年当時は、なんだか寂しい印象の場所がたくさんありました。

ピンク色のセメントで覆われた2010年当時の石段

現在の石段です。整備され、きれいになっていて嬉しかったです

九龍浦の実力者だった香川県出身の実業家、**橋本善吉**の旧家屋もそのうちの一つでしたが、今ではきれいに改装されました。日本式の家屋なので、修復も大変だったそうです。それでも韓国で「残してある」ことに意味があるのです。

現在は「近代歴史館」として自由に見学できるようになっています。

ここでは、当時の日本人街の様子を詳しく解説してくださる解説士さんもいらっしゃいますし、この日本家屋の中の様子もゆっくり見学することができます。日本の調度品などが展示されています。

橋本善吉
1909年、香川県より九龍浦に移住。鮮魚運搬業を始め、十河と並んで移住した日本人達の中心人物になる。1944年に九龍浦で亡くなった。

九龍浦の地名の由来になったといわれる龍の像

公園からの展望。公園頂上には神社や学校があったそうです

綺麗に修復された現在の近代歴史館

2010年訪問当時、修復前の橋本善吉の旧家屋

こたつで浴衣!? とか、ランドセルとか（珍しいのですかね？）、日本っぽいものが展示されています

そして、なんと嬉しいことに！　今では、この通りを和装のカップルや子ども達が散歩している光景が見られます。特に若い人が多いです。

韓国人の若いカップルが何組も和装でこの通りを歩いて、「イエッポー！（かわいい）」と嬉しそうに写真を撮っている姿はなんだか感動します。「古里家韓日文化体験館」では、日本の浴衣や韓服もレンタルできて着付けもしてくれます。浴衣は80枚ほどあるそうで、小さいお子さんの和装も可愛かったです。数人の子ども達がチャンバラごっこをしていました。刀や傘なども貸してくれるのですね。

初めて訪れた頃はなんだか寂しい、むしろ「日本」を表に出すことを避けた通りだったのが、今ではこんなに観光地になっていて、特に若い人達が和服や日本風なものに喜んでくれています。デート中のカップルが「オッパー（お兄さんの意。恋人に親しみを込めて呼ぶ言い方）、チョアー（すてきー）」と言いながら浴衣姿に草履で歩いていて楽しそうでした。なんだか、嬉しいではありませんか。

街を歩くと日本っぽい感じの（？）お店や風情のある街並みを見ることができます。人気ドラマ「黎明の瞳」（1991年）の撮影がここであったそうです。

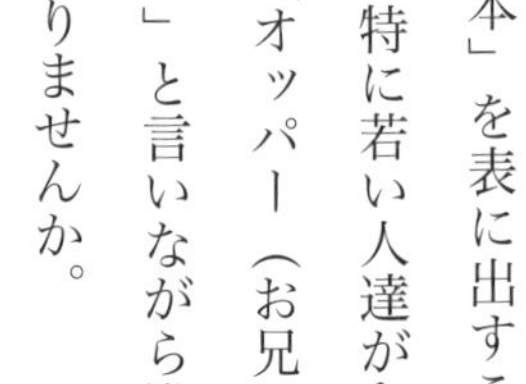

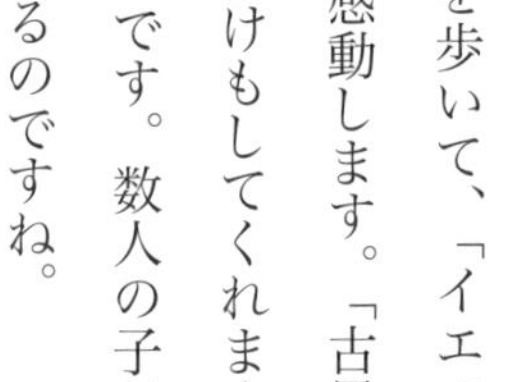

과메기

郵〒便
POST

九龍浦公園の石段を上がっていくと、公園になっていて九龍浦の港を一望できます。

さらに登っていくと…な、な、なんだこれは!? ドッドーン！ と急に巨大な建物が目に飛び込みます！ はい出ました、もう派手で大きなものが大好きなんだから〜。

静かな港町にそびえ建つ、このハイテクな近代建築は「クァメギ文化館」です。浦項名物**クァメギ**の展示施設です。浦項の文化や日本人街の歴史を学べます。

こういう展示施設に行くと、とにかくフィギュアの大きいのや小さいのが説明して

クァメギ
浦項名物クァメギは、サンマやニシンを夜間に凍らせ、日中に天日に当てて徐々にとかしながら寒風に晒して生干しにし発酵させたもの。サンマの干物とは違う食感(歯ごたえあり)と、うま味が特徴。冬場にしか食べられない。

派手なインスタ映えスポットがあるのも韓国あるある

クァメギ文化館からの眺めも最高です

くれます。フィギュアがやたら多いのも韓国あるあるですね。

ハイテクな建物のイメージ通り、映像で遊べるコーナーもあったり、ハイテクな展示もたくさんありました。

日本人家屋路には、日本人からするとツッコミを入れたくなる「日本っぽいお店」もありました。日本の居酒屋や屋台があればもっとムードが盛りあがるのに。

でも、そこで飲食店をやるには無理がありました。

通りから一歩外に出ると…かにかにカニカニ…そうでした。このあたりは

クァメギ工場で見たアジュンマ

アジュンマの等身大フィギュア。エプロンまでそっくり

魚介の宝庫ストリートでした。あの通りには、もう食事処はいらないのですね、と思いつつ、私が純和風なお店を出そうかしらとチラッと思いました。出資者求む（笑）。

そして、この九龍浦のおすすめ料理と紹介されたのが、**ムルフェ**です。あれだけカニのお店があったのに、カニ料理ではありません（笑）。

ムル＝水、フェ＝刺身。刺身に水（氷水）をかけて食べるのです。ええ!? お茶漬けでなく、水漬けってことですね。例によって、コチュジャン、キュウリ、ニンニクなどの薬味を入れます。

無理して水をかけなくてもいいとのことで、私はそのままいただきました。だって、せっか

ムルフェ
漁師が二日酔いをさますため、調子が悪くてもお腹に入っていきやすいように、水をまぜたのが始まりとも言われている。

くのお刺身を水でふやかすとか、もったいないですし。最後に試しに水を入れてみましたが、入れないほうが私は好きでした。

今回案内していただいた方々に伺ったお話で、気になったことがありました。以前に日本のテレビ局が取材に来た時、同行して街を歩いたそうです。ですが、テレビに映る時は、顔も名前も出さないでほしいと言われたそうです。韓国内で自分が日本の文化に触れている姿はあまり公には見せたくないと。

でも自分は日本が大好きで、何回も日本に行っているし、日本語も話せるし、こうやってみなさんが楽しんでくれるのが、とても嬉しいとおっしゃっていました。

それでも好きなものを大きな声で好きと言えない。複雑な日韓関係を痛感しました。私にも身に覚えのあるお話です。


浦項にある小さな港町。ここに日本を感じられる場所があることが嬉しいですよね。この日本人家屋路で、韓国の方が日本文化に触れて喜んでくださる姿を目の当たりにして本当に感激しました。浦項を訪れて、改めて地方を巡る楽しさにも気づきました。

第10章　ソウルと地方のギャップ萌え

「ソウル一強」の韓国

「応答せよ1994」は、地方出身者の大学生が集まるソウルの下宿屋を舞台にしたドラマなのですが、地方出身者（田舎者）が大都会ソウルで暮らすことの戸惑いやワクワクが描かれています。田舎者とバカにされたくない彼らの必死な行動に、日本の田舎に住んでいる私はとても共感しました。このドラマでは地方出身者が憧れの大都会ソウルで暮らすことの大変さも描かれています。

韓国ドラマでもよく出てくるのが「ソウルがすごいエピソード」です。ソウルの大学は一流で地方の大学は二流、三流とみなされていて、「地方大学出身のお前なんか」というセリフが出てきますし、ソウルから地方へ左遷されたりすると、この世の終わりのような描かれ方もされています。

私が出会ったソウル出身の韓国人は、自己紹介する時に「ソ、ソウルから来ました」とソウルを強調する方が多いように思います。一方、地方出身の韓国人はまず「韓国から来ました」という言い方をされます（おがっち調べ）。韓国のどちらですか？と

「応答せよ1994」
大人気の応答せよシリーズ第2弾。1994年、とある女子大学生の両親が経営する下宿に6人の若者がやってくる。8年間をともに過ごしてから、しばらく経った2013年、再び6人が集まることに。彼女を射止めるのは誰かが話題を呼んだ。

聞くと「○○（知らない地名）で、釜山の上あたり」など、日本人のために分かりやすく説明してくれます。

先ほどのドラマに登場する人物は、慶尚南道三千浦《サムチョンポ》市出身の大学生のニックネームがそのまま「サムチョンポ」だったり（出雲市出身の私に「出雲」と名付ける感じです）、全羅南道出身の大学生は、全羅南道に拠点を置く球団「ヘテタイガース」から「ヘテ」と呼ばれています（広島県出身の人に「カープ」と名付けるみたいな感じですね）。

地方出身の方の気持ちは痛いほど分かります。島根県は今でも、どこにあるか分からない都道府県ランキング1位だったりします。縁結びの神様の出雲大社があり、世界のテニスプレイヤー錦織圭選手の出身地でもあり、国宝松江城があり、世界遺産の石見銀山もあり、なんといっても竹島があることでかなり有名だと思ったのに…、東京で「どちらから来られましたか？」とか聞かれ、「島根です」と答えると、よく聞き返されます。残念ながらパッとイメージが湧かないのでしょうね。ですから、より有名な地名からの位置関係（広島の上です）を伝えるわけです。同じですね。どこの国でも地方民はいろいろ大変なんですよ。

ソウルの人に地方の話をすると「ああ、地方だからね（私は大都会ソウル市民だから地方のこととかよく分からないわ）」的な雰囲気を出されます（おがっち調べ！）。一方、「東京の人」はそんなに「東京」と上から目線でもないような気はします。その「東京の人」も元々地方出身者の場合も多いですよね。

日本では、むしろ地方の方が「東京は上！」と勝手にイメージしてしまうことがあると思います。「東京で仕事してました」、「東京では有名、流行っている」とか言われると、「あの花の都、大東京で！」、と東京にあるものは何でもすごいと祭り上げてしまうことは、地方あるあるでもあります。「東京」の名前が出るだけで、ははぁーってなるのです。本当にすごいこともあるけど、そうでもなかったね…ということも結構あるある（おがっち調べ!!）。

東京に一極集中と言われていますが、何でも東京が一番というわけではないですよね。東京出身の人から、地方の豊かな自然と大らかさに憧れを持たれたることもあります。「島根、いいですねー」と。

韓国では…。

有名大学はソウルにあると言われるので、地方の受験生はとにかくソウル、ソウルを目指せ！　なんですね。なので、受験戦争も激化しているわけです。毎年、日本のセンター試験にあたる「大学修学能力試験＝修能《スヌン》」の、すごさも報道される通りです。

以前、私の息子（2人とも社会人になりましたが）と同年代の子をもつソウル在住の韓国人のお母さんと受験戦争について話をしたことがあります。当時、高校生の娘さんは朝7時に学校に送られ、学校の後は塾に通って、帰宅するのは夜中の12時だと言っていました。

K－POPスターを「オッパー（お兄さん）」と呼び、きゃあきゃあ言っておっかけしている女子高校生を見たことはあるのですが（韓国のファンはとにかく若いのでほぼ10代）、その娘さんはスターのおっかけどころか、テレビも観ずに音楽もあまり聴かないで、一日中、勉強をしているんですって。周りの子達もだいたいそうですと。部活はしないの？　と聞いたら、そんな時間あったら勉強しますって言われちゃいました。

当時、高校生だった私の息子は部活に明け暮れ、ろくに受験勉強もしていなかったので（日本の場合、部活が終わってから一気に受験勉強モードになりますが）、この日韓の高校生の勉強時間の差は将来にどう影響するのだろうと思っていました。どうなんでしょうか。

私の息子もそうですが、今の若い子は、目指せ東京の大学！　とはあまり思っておらず、大都会にはたまに遊びに行けばいいという意識でいる人が多いような気がします。もちろん、何が何でも東京！　大都会！　という方もいらっしゃいますけどね。そのソウルのお母さんは何が何でもソウルの大学！　と呪文のようにおっしゃっていました。

また、知り合いの韓国の地方大学生に聞くと、地方はのびのびとしていいですよと言っていました。地方は物価も安いので暮らしやすく、日本や海外に留学して語学力を上げることもできると言います。韓国では就職難も深刻で、大学時代にいかにスペックを上げておくかが大事なポイントです。ＴＯＥＩＣの点数、海外での留学経験やインターン経験、ボランティア活動など、学生時代のあらゆることが問われます。

男性は大学を休学して兵役に就くことが多いので、本当に遊んでる暇はないのが韓国の大学生です。むしろ4年間では足りないので、休学して資格をとったり、卒業後に就職のための塾に通う人達もいます。

日本のように大学在学中に就職活動をして企業に内定をもらい、「新卒」で就職するのではなく、卒業してから就職活動という人も多いです。ちなみに公務員の倍率は２００倍とも４００倍とも言われており、財閥系企業も大人気で、サムスン電子の倍率は７００倍なんだそうです。ひぇー。受験も大変、大学入っても大変、就職もさらに大変な韓国なんです。

やっとこさソウルの企業に就職してソウルに住んだとしても、地価の高騰など大変なことも続くようです。

今や、韓国の全人口の約50%がソウルを中心とした首都圏に集中しています。ソウルの郊外のベッドタウン新都市の松島《ソンド》、一山《イルサン》、盆唐《ブンダン》、光教《クァンギョ》、板橋《パンギョ》、東灘《トンタン》、霊通《ヨントン》などでは、交通網や福祉施設、ショッピングモールなどがきちんと計画された住みよい街で、ソウルまでの通勤時間は一時間以内だそうです。また、ソウル一極集中の解消、地方発展のために作られた世宗《セジョン》新都市には、重要政府機関の一部が移されたそうです。最近のドラマには、こういう郊外新都市に家をもっていて、ソウルにバスで通うシーンもよく出てくるようになりましたね。

韓国の家の賃貸制度には、主に「チョンセ」と「ウォルセ」があります。「チョンセ」は契約時にまとまった保証金を払い、月々の家賃が発生しない制度です。予め大家と居住する期間を決めておき、契約終了時に保証金が返金されます（大家が契約期間の間に保証金を運用するという前提があるのです。近年ではチョンセは減少傾向にあります）。「ウォルセ」は、毎月決められた家賃を払う制度で、保証金の額次第で家賃も変わるようですね。ドラマでもよく、家の保証金が！　という話題が出てきます。

私の知人が３ＬＤＫのアパトゥ（日本でいうマンション）に住んでいたのですが、さらに広い４ＬＤＫに引っ越したと言っていました。以前のアパトゥはどうしたの？　と聞くと、人に貸して、自分達はどんどん新しく、広い家に住むのだそうです。不動産を持っている人といない人の格差も広がっているようです。

愛すべき地方の人々

そんな大都市の事情もいろいろあるのですが、旅をするには、地方が本当におすすめです。昭和の香りがそこかしこに感じられるからです。もちろん、地方にも高層ビル、高層アパートは立ち並んでいますが、自然や人に愛すべき昭和の雰囲気が漂っています。

タクシーの対応の違い

例えば、地方のタクシーの運転手さんは、とっても話好きです。

日本人客がまず珍しくて、知っている日本語で話しかけてくれます。「こんにちは」、「ありがとう」はもちろん、「お元気ですかー」が有名な日本語です。中山美穂主演映画**「Love Letter」**が韓国では大人気で、あるワンシーンでの「お元気ですかー」というセリフが年代を超えて人気なんだそうです。ある運転手さんは、「俺は昔、ボクサーをしていたんだ。写真見るかい?」と。「ネー（はい）」と言うと、運転中なのに

「Love Letter」
1995年、岩井俊二監督。冬の小樽と神戸を舞台にしたラブストーリー。韓国ドラマ「甘い人生」は、この映画の影響で主人公が小樽に行く設定になったと言われている。韓国では1999年公開。

写真を出してきて、「ほらーかっこいいだろう」、「ネー（はい）」となります。

そして、美味しいお店情報や自分の家族自慢など、ずーっと韓国語でしゃべってくれます。こちらが半分くらいしか分かっていなくても。相槌の「ネー」が大事です。日本のお菓子の小袋をあげると、さらにハイテンションになってしゃべり倒してくれるのでとっても楽しいです。

ソウルのタクシー運転手さんは、だいたい怒っています（おがっち調べ！）。日本人が乗ってきたと怒り（こっちが客なのに）、渋滞だと怒り、「江南に行ってください」と言っただけなのに、「江南はなんでも高い、物価も高いし、コーヒー1杯までもとにかく高いぜ、チクショー」とか、ブツブツ言っていることが多いです。半分くらいしか聞き取れないけど、だいたい何言ってるかは分かります。ほとんど愛想も何もないです（おがっち調べ!!）。

以前、ほとんど韓国語が分からない頃、タクシーで遠回りしてぼったくられたりしたことがありました。あげく侮辱する言葉も言われました。映画でそういう言葉が使われるので、ああ、今ひどい言葉を言われたなと分かったのですが、当時は反論もできなかったですね。

今では、タクシーにもナビが付いているし、私の方もスマホのアプリのナビを見ることもできるし、韓国語も分かるので、変に遠回りもされなくなりました。

そうそう、仁川国際空港からタクシーに乗る場合、タクシー乗り場に案内係がいて、行先を告げると、おおよその金額を教えてくれて、運転手さんにも伝えてくれるので安心ですよ。周辺にいる客引きタクシーよりは安心じゃないかな。

お店での対応の違い

食堂やお店の人の対応もソウルと地方ではかなり違うと思います。ソウルでは、日本人向けのメニューが置いてあるところなら、日本語対応をしてくれますが、観光客向けではないお店に入ったりしたら、「チッ（舌打ち）、日本人かー、チッチッチ」（韓国の舌打ちは、なんなのよーという意味だったり、かわいそうねーと思われる時にされるので、そこまで深い悪意はないです）という感じです。こちらが必死に韓国語のメニューを読もうとしていても、愛想はないままでした。

また、おしゃれな雰囲気のホテルで、受付の若い女性に話しかけた時のこと。韓国語で話したのに、「In English, please」と冷たく言われました。えー。日本語で話しかけたのではなく、フレンドリーな韓国語だったのに。日本人と分かったら、英語で！　と言われました。ま、友達が英語ペラペラなので、流暢なEnglishでクールに乗り越えましたけどね（笑）。

ソウルでは、日本語会話ができる人は日本語で話してくれますが、日本語ができない人は英語で話してこられる時もあるので、英語もしっかり勉強しておくといいなと思います。

一方、地方のお店ですと…「あらー日本人！　珍しい！」とパッと顔色が明るくなります。こちらが少しでも韓国語を話すと、「あらー、韓国語上手ね」とまず褒めてくれます。どこから来たの？　という質問には、島根と言ってもまず伝わりませんので（竹島のことで有名かと思ったらそうでもないのです）、「広島の近くです」と言うと、「あー遠いところをよく来たわね」と歓迎ムードになります。日本のお菓子の小袋をあげたりすると、「オモモ！（あらまあ）日本のお菓子！　珍しいわ。サービスするわね！」と優しくしてくれます。そして、知っている日本語をどんどん言ってきます。「ありがとごじゃいます」「さよなら」「お元気ですかー」と。

そういえば、日本の地方（出雲あたりの私の実家周辺）では、お店に外国人の方が来たりすると、「まー外国人！　Hello! How are you?」とか、知っている英語をどんどん周りが話していきます。その外国人の方が「コンニチハ、アリガトー」とか言ってくれるだけでも嬉しくて、大歓迎ムードになるんですよね。どこの地方でも同じですね。

なので、地方への旅は人との触れ合いがまたおもしろいのです。

反日のニュースなどを観ると、日本人に対して、どんな扱いをされるかなーと不安に思ったこともありましたが、敬意を持って接すると、とっても優しいです。むしろ、こっちがオープンハートで無邪気に飛び込んでいくと、ストレートな韓国の人は喜んで受け止めてくれます（何度も言っておきますが、くれぐれもおがっち調べです）。

２０００年代初めと今の韓国を比較して──コーヒー編

私が初めてソウルを訪れたのは、２００２年、日韓共催W杯後の11月でした。当時、おしゃれなカフェも少なく、喫茶店のようなお店で「コピ（コーヒー）」を飲んでみました。私が今まで味わってきたコーヒーとは全く違うもので、なんだか、薄茶色いアーモンドドリンク（？）のような味でした。何軒かでコーヒーを飲みましたが、だいたいどこもそんな味でした。あるいは、インスタントコーヒーに砂糖とミルクがすでに入っているような甘いのが一般的でした。スターバックスやドトールなどのチェーン店はすでにあったようですが、まだ普及していませんでした。

のちに、ドラマ**「コーヒープリンス1号店」**（２００７年、コン・ユ主演）が大ヒットして、カフェブームが到来し、ドラマにも出てくるバリスタが入れる本格的なコーヒーがどんどん出てきました。今では、韓国のバリスタのレベルは世界でもトップクラスだそうです。

日本ではブレンドコーヒーが主流ですが、韓国で主流なのが「アメリカノ」（アメ

「コーヒープリンス1号店」　２００７年に放送。コン・ユ、ユン・ウネ、キム・ジェウク出演。ある日、主人公の少女が御曹司に男と思いこまれ、イケメンしか雇われないカフェ「コーヒープリンス」で働くことに!?　韓国ラブコメディの代表作。

リカーノ）です！

ドラマのカフェシーンでは、みんな「アメリカノ」を注文します。お湯で薄めたアメリカンとも、浅煎り豆のアメリカンコーヒーとも違います。アメリカノは、日本ではあまり知られていませんが、エスプレッソをお湯で割ったコーヒーで、韓国では特に有名です。とあるカフェでアメリカノを注文した時、「ミルクください」と頼むと「は!?」と言われました。それなら初めからカフェラテを注文してくださいとまで言われました（笑）。アメリカノはブラックで飲むものだそうですよ。

韓国は、流行っているものをどんどんどんどん、我も我も取り入れよう！という国ですから、あれよあれよという間に、おしゃれカフェができていきました。「カペベネ（Caffe bene）」、「イディヤコピ（EDIYA COFFEE）」、「ハリスコピ（HOLLYS COFFEE）」などのチェーン店が増えていって、数百メートルの通りに5、6軒もあるのです。カフェはほんとにそこかしこにあります。ドラマごとにチェーン店系カフェがスポンサーとなり、俳優さん達のすてきなシーンに使われ、ああ、あのカフェに行かなければ！となるのです。同じ席に座り、同じメニューを注文し、ドラマの主人公になりきるのがファンの醍醐味です。

残念ながら、前回行って良かったカフェが1年後になくなってる！　ということもよくあります。カフェ以外のお店もそうだったりします。韓国はブームに乗るのも早いけど撤退も早いです。熾烈な生き残り競争です。

今では、インスタ映えおしゃれスイーツのカフェが大人気で、たくさん日本にも上陸するようになりました。韓国は可愛いものを作り出すのも上手で、コスメの容器やペットボトル、スイーツでも本当に遊び心に溢れていて、お見事ですよ。

また、古民家カフェのような伝統家屋での伝統茶カフェや韓方茶カフェなども充実しています。島根県でも、今やスタバやドトールなど、全国チェーン店もたくさんできましたし、古民家カフェは地方でも人気ですよね。そして、韓国の地方にもおしゃれなカフェが、眺めのいいところにできていきました。浦項の海沿いの地域の一角にもおしゃれカフェが並んでいます。どこも可愛くて、スタッフの応対も良くメニューも豊富でおすすめです。

2000年代初めと今の韓国を比較して――ラーメン編

2000年代のソウルの食堂や屋台では、「ラミョン（ラーメン）」を注文するともれなく「インスタントラーメン」が出てきました。えええ！　インスタントラーメンは、日本では家で作る簡単料理なのに、それを食堂や屋台で食べるの!?　と驚いたものです。

韓国は、なんと人口1人当たりのインスタントラーメン消費量が世界一なのです（これには安藤百福もびっくりではないでしょうか）。ドラマでも、インスタントラーメンを鍋のまま食べて、鍋蓋を器にしているシーンもよく観ます。

そんなインスタントラーメン王国韓国では、生麺を使ったラーメンは外国の食品で高価なものなので、なかなか普及しなかったようです。

日本に来た韓国のアイドル達が日本の美味しいものは？　と聞かれると、こぞって「牛丼とラーメンとコンビニ（の食品）」と言っていました。ええ!?　そんな安いもので？　と思いますが、韓国では日本の牛丼もラーメンも珍しかったのですね。

次第に、韓国で日本式ラーメンは美味しいと評判になり、日本の有名ラーメン店が次々とソウルに進出していきます。それまでも、ジャジャン麺やカルグクスなど、麺類は人気だったのですが、日本式生ラーメンが韓国でも流行り出しました。また、日本食ブームもやってきて、日本の大衆居酒屋チェーン店も進出、日本酒も大人気で、「IZAKAYA」、「SAKE」として、市場が拡大していきました。

そうそう、K－POPアイドルがプロデュースしたお店も、韓国はもちろん、今や日本でも人気ですよね。「食」は国境を越えていくのです。

また、ソウル市内で「島根の麺」が食べられるお店があるので紹介しておきます。

●「松江製麺所」

島根名物の出雲そばや日本のうどんなどが食べられるお店です。経営していらっしゃるのは、生まれた時から日本製品に囲まれていたという日本製品大好きなオ・スンファンさんです。

●「松江ラーメン」

島根県松江市で人気の松江ラーメン（しじみ醤油出汁の生麺ラーメン）が食べられ

るお店です。経営者のパク・ケスクさんも日本が大好きで、松江でよく韓国料理教室もされています。

お二人とも何度も松江に来るうちに、その美味しい料理に魅せられて、松江の味を韓国でも味わってほしいと思い、お店を出されたそうです。店内は日本の雰囲気の装飾をされていて、本当に日本が大好きなんだなと嬉しい気持ちになります。お二人は、松江市の観光大使にもなっていらっしゃるソウル市民なのですよ。

それから、ソウルの昔と今を比べてとても感じるのは、とてもインターナショナルになったことですね。

以前は、地下鉄に乗っても韓国語表記と韓国語のアナウンスのみで、「降りる駅は何駅先か」と指で数えながら乗ったものです。今ではスマホの地下鉄アプリも地図アプリもあるので、地図を広げて歩くことが少なくなりましたね。

地下鉄も鉄道もバスも英語、中国語、日本語表記は当たり前です。逆に、地方で韓国語表記のみの看板を見ると、昔のソウルを思い出します。

コルモク巡りの楽しみ

韓国では、「〇〇通り」「〇〇横丁」がとにかくそこかしこにあります。「コルモク」といって、通りにずっと同じ店が並んでいるのです。

東大門《トンデムン》には文房具通りやタッカンマリ（鶏の水炊き）通り、清渓川には毛糸通りや工具通り、梨泰院《イテウォン》のアンティーク家具通りも有名ですし、江原道春川《チュンチョン》にはタッカルビ通り、そして、あちこちに焼肉通り、チョッパル（豚足）通りなどなど、料理ごとにコルモクがあるのではと思うほどです。新堂洞にはトッポッキタウンやスンデ（豚の腸詰）タウンというのもあります。

地図を見ていても、何気ないところに〇〇通りと書いてあって、同じお店が数軒並んでいたりするので、探すのも楽しいですよね。各地の市場を訪れても、通りによって同じお店が配置されているので、お目当てのところが見つけやすいですよ。とにかく、同じ店が同じように軒を連ねるのが韓国です。

以前、江原道の山の上にあるお寺に行った時のこと。のどが渇いたので駐車場まで下りて、売店で飲み物を買おうと思ったら、こんなに売店が並んでるのに…全て、干物屋さんでした。どこも同じような巨大なエイの干物が干されていて、全く同じようなお店が何軒も続いてる！　なんで、普通のお店がないの〜、のど渇いたー!!　と叫んだほどです（飲み物もアイスクリームも販売している干物屋でしたが）。

浦項の九龍浦でも、どのお店も同じようなカニの看板があり、水槽に魚介類がいる光景も全く同じでした。とにかく、この集合体はすごいです。

島根県出雲市では「出雲そば」が有名なので、出雲大社付近にもたくさんの出雲そば屋さんがありますが、決してお店同士が横に並んではいません。少し離れたところに点在しているのが日本のお店ですよね。

そして、思い出しました。大邱《テグ》には薬局通り（ヤクジョンコルモク）があります。韓方薬局や韓医院などが集まっていて、そこかしこから、韓方の薬の香り、薬、薬、薬の香りがします。初めてこの通りを歩いた時、やたら枯木の山が目につくなぁと思っていたのですが、全部薬草だったのですね。枯木と言ってごめんなさい。ここを一往復するだけで、なんだか韓方薬治療をされたような気になったのは私だけでしょうか。とにかく、この通りもすごかったです。

とにかく、地方にもおもしろい通りがたくさんありますので、巡ってみるのも楽しいですよ。

流行には敏感で、我も我も！　と取り入れるも、撤退も早い。そして、同じものを同じように扱って、それぞれのお店が共存している…。こういうところも、韓国のおもしろいところです。

カニ、カニ、カニ、カニ…

WT : 10KGS
KEEP DRY
SE NO HOOK

第11章　韓国エンタメ大解剖

～なぜ、世の女性は韓国スターに魅かれるのか

韓流ブームとは何か

異国を理解する近道は、まず身近な文化に触れることです。身近な文化と言えば、エンターテインメントです！　エンタメと言ったら、私の中ではやっぱり「ドラマ」、「映画」、「K－POP」でしょうか。今では韓国の「文学」や「ミュージカル」、「演劇」にも興味が広がっています。韓国で100万部を超えるベストセラーになった小説**『82年生まれ、キム・ジヨン』**は日本でも刊行されて話題になりましたが、次は「K－文学」ブームがくると思っています。

さて、ここで、韓流ブームとは何なのか、少し整理してみたいと思います。韓流ブームとは、一般的には主にドラマ、映画、歌の3ジャンルを中心とした韓国の大衆文化が流行っている（ブーム）ことを言います。

「冬のソナタ」が起爆剤になって爆発的なブームを巻き起こし、世に韓流スターと韓国ドラマを広めたのが「第1次韓流ブーム」。それ以前にも、韓国のエンタメコンテンツは日本にもありました。映画「シュリ」が2000年に公開され、18億5000

『82年生まれ、キム・ジヨン』
チョ・ナムジュ著、筑摩書房刊。「韓国の82年生まれの女性で最も多い名前」であるジヨンという女性の人生を通して、韓国のジェンダーに関する社会問題、女性の生き辛さが描かれる。日本でも発売されるやいなや、話題となり増刷が続いている。

万円の大ヒットを記録。韓国映画としては空前の大ヒットで、韓国映画への評価が高まりました。そしてドラマ「フレンズ」（２００２年）からお茶の間に韓国ドラマが登場するようになります。ウォンビンと深田恭子の国を超えた絆の物語に涙し、ウォンビンのようなかっこいい韓国人男性との恋愛を求めて、韓国語を学び始め、韓国旅行を計画する日本の若い女性ファンが増えつつありました。そして、冬ソナブームがやってきます。「冬のソナタ」は社会現象になり、メディアが一斉に「ヨン様」を取り上げ、同時に様々な方面で経済効果が生まれました。

次に、K－POPアーティストが若者を中心にブームとなったのが「第2次韓流ブーム」です。東方神起やBIGBANGなどがその代表です。東方神起は韓国で当時すでに大人気でありながら、J－POP参入にあたっては全国キャンペーンからスタートし、徐々に日本での人気を獲得していきます。そして男性グループだけでなく、女性グループも怒涛の日本進出を果たしていきます。東方神起、KARA、少女時代がNHK紅白歌合戦に出場し、日本レコード大賞優秀作品賞を受賞したグループもあって、日本で安定した人気を博しました。しかし、人気グループの分裂などもあり、やがて盛り上がりも落ち着きをみせます。

そしてその後にTWICE、BTS（防弾少年団）などの人気グループを筆頭に、「第3次韓流ブーム」がやってきます。女子中高生を中心にK－POP、グルメ、コスメやファッションなどの韓流文化までも人気となっています。今では、オリコンチャートにK－POPアーティストが登場しない日はないくらいで、韓流はもはやブームではなく「定着」したとも言われます。

作品の根底にある「恨《ハン》」という思想

韓国エンタメを考える前に、理解しておく必要があるのが「恨《ハン》」の思想です。「恨」とは、単なる恨みつらみではなく、悲哀、無念さ、痛恨、無常観、優越者に対する嫉妬などの感情をいいます。韓国では、様々な時代の抑圧の中で、それらの感情が民衆の中に蓄積されてきました。その「恨」の思想が今でも多くの作品の根底に反映されているのです。

なぜこれほど「韓流」がファンを熱狂の渦に巻き込んだのか。「ドラマ」、「映画」、「K－POP」の魅力をジャンルごとに解説していきましょう！

ドラマ編

ドラマの数が多すぎる

韓国のドラマは、とにかく本数が多いのです。

月・火ドラマ、水・木ドラマ、週末ドラマ、朝ドラマなどが各放送局、さらにはケーブルテレビごとにも制作され、ドラマの本数はとんでもない数になります。

1つのドラマが週2回の放送なので、殺人的スケジュールで撮影されます。天候が急変してもロケを強行するので、晴れの中、次のカットで急に雨が降っていることもよくあります。

韓国ドラマの特徴

以下、韓国ドラマの特徴を簡単にまとめてみます。

- ドラマの放送時間が毎回変わる。1時間3分だったり、その次の回は1時間に満たなかったりする（日本で放送される時は放送時間が決められているため、カットシーンも多く、流れがつながっていないこともある）
- CMが間に入らない。最後に提供としてスポンサー名がまとめて表示される。タイアップしたお店は、ドラマの中ではっきりと店名がアピールされる
- 1クール16〜25話前後が多い。「朝ドラ」は120〜150話ほど。「歴史ドラマ」は60〜80話、「建国ドラマ」になると200話以上なんてものもある。それでも途中で飽きない
- 全16話のドラマでは、8話あたりでハッピーエンドになりそう…と思ったら話が全てちゃぶ台ひっくり返し！　結局最後までハラハラさせられる
- 因縁の関係（親同士がライバルだった、恋人をとりあった、商売敵だった、幼少期

に一悶着あったなど）、交通事故、不治の病、記憶喪失、愛人、子どもの取り違え、留学、親探し、人格の入れ替わりなど、おなじみの要素が盛りだくさん

- 三角関係、四角関係も当たり前
- 金持ちVS貧乏の図が多い。クールな御曹司が一般庶民の愛の力で変化していく。逆パターンもあり
- よく泣く。男優がきれいに泣く。キスシーンの絶妙なタイミングで涙を流す。その泣き顔が美しい
- 鍛え上げた男優のシャワーシーンなどのサービスショットが突然入る。一方で、女優のサービスショット（由美かおるのような入浴シーン）はあまりない
- ホームドラマでは、韓国の社会（家庭の様子や男尊女卑など）がよく反映されている
- 大家族ドラマでは、橋田壽賀子ドラマのようにそれぞれの人間関係にドラマがある。派生した話からさらに派生していくが、見事に50～60話を飽きさせずきれいにまとめて終わる

●歴史ドラマを観るといつの間にか歴史に詳しくなっている。いつの時代にも王の陰には女が！　むしろテビ様（大妃・王の母親）が！

●200話近い建国ドラマを観終わった後の爽快感はなんともいえない。ぜひ自分が国をつくったかのような高揚感をお楽しみください（あ、「特徴」になってない）

●法廷ドラマ、事件ドラマ（検事・判事・弁護士もの）がやたら多いが、毎回ハラハラドキドキさせてくれる。検事は憧れの職業として描かれるが、現実でも韓国では人気の職業

●医療ドラマの手術シーンで出てくる臓器などがやたらリアルで、日本放送時にはボカシが入っている。このごろは日本ドラマでもリアルな手術シーンが増えてきましたね

●タイムスリップ、多重人格、吸血鬼、鬼、死神、神、憑依、スペクタル、フュージョン時代劇（史実にとらわれず様々な要素が入った時代劇）など、現実ではありえない設定が多い

●が、脚本が秀逸なので、ありえない設定がありえるかも！　と思わされる

●勧善懲悪がはっきりしている。主人公は悪役にやたらいじめられるが、最後には解決する

●いじわる役が分かりやすいほどいじわる！

●貧乏からの脱却、または愛を貫き苦しい状況を乗り越える主人公に自分を投影し、心底応援しながら観る

●サウンドトラック（以下ＯＳＴ）が人気。ドラマティックに曲が使用されるので、号泣ポイントで盛り上げてくれる。また話数が多いため一つのドラマに何曲も挿入歌ができる。さらに、それぞれの挿入歌にミュージックビデオ（以下ＭＶ）があるが、そのＭＶにはドラマのカットが使用されるため、本編より先にＭＶを観るとネタバレになるので要注意

●ＯＳＴのＣＤケースの装丁がとにかく豪華。カレンダーやサインなどの付録が盛りだくさん

生き別れ、離散家族、親探し、子探しの要素が多い理由

１９５０年代、朝鮮戦争の結果、朝鮮半島の分断は決定的となり、北朝鮮と韓国で１０００万人とも言われる多くの家族が離れ離れになったのです。韓国内だけでも多くの離散家族が発生し、ドラマはその当時の時代背景を反映しており、しかも苦境から成功しようと必死に頑張る主人公の姿に多くの人が共感するのです。

また、韓国では離散家族を探す番組がユネスコ世界遺産登録されています。１９８３年6月30日午後10時15分から、ＫＢＳ特別番組「離散家族を探します」（主題歌パティ・キム「誰かこの人をご存ですか」）の生放送が始まりました。生き別れた家族を探したい人が放送局に列をなし、生放送はどんどん延長され、結局11月14日午前4時までの１３８日間、４５３時間45分に渡って延々放送されたということです。テレビを観た人が私の家族を探してくれ、私の家族も…と情報が寄せられ、結果ずーっと生放送が続けられたのですよ。放送時の１９８３年は朝鮮戦争から30年後でしたから、家族と生き別れになった幼い子ども達はすでに30歳を過ぎていました。生放送の間、

5万件以上の情報が番組に寄せられ、計10189人の離散家族の再会が果たされました。韓国内で大反響をよび、離散家族のテーマは今でも多くのドラマの設定に取り入れられています。

この「離散家族を探します」がユネスコ世界遺産登録された2015年10月、私はちょうど、KBS WORLD RADIOの日本語放送番組「玄界灘に立つ虹」でパーソナリティをしていらっしゃる中枝紫織さん（鳥取県境港市出身でソウル在住）の収録スタジオの見学に行っていました。この時、放送局の前の広場で「離散家族を探して」の模様が再現されていたのです。当時はこの広場に家族を探すプラカードを持った人が大行列をなし、尋ね人のプラカードをどんどんあちこちに貼っていったのでした。それが1983年のことだなんて。いろいろ考えさせられます。こういう背景も分かった上で家族探しドラマを観るとまた感慨深いのではないでしょうか。中枝さんは山陰出身ということで、帰省された時には私の韓国さらん公開講座にも来ていただきました。同じラジオ番組のパーソナリティ同士ということで、今後も何か一緒にできればいいなと思っています。

なぜ「冬ソナ」がブームになったのか──おがっち的見解

ある時、気づいたのです。なぜこれほど「冬ソナ」が日本でブームになったのか。それは、「冬ソナ」を観たあくる日、腫れた目を鏡で見た時のことでした。

泣きすぎてこんなに目が腫れるなんて、**「赤いシリーズ」**以来だわ！

１９７０年代に放送され、私達世代が熱狂したドラマ「赤いシリーズ」をご存じでしょうか。当時は、レンタルビデオもないのでリアルタイムで観るしかなく、家族で集まって涙を拭くためのタオル（ハンカチでは足りないから）を握りしめ、毎話嗚咽で復活できないほど泣いたものです。そんな「赤いシリーズ」のドラマには、先ほど述べたドラマ要素がふんだんに盛り込まれていました（例：いじわる役が分かりやすいほどいじわる。百恵ちゃんが余命わずかなこと、など）。

そうです。「冬ソナ」のドラマ要素は実は「赤いシリーズ」と大部分で共通するものだったのです。１９７０年代に作られたドラマが、２０００年代にさらに発展した形で私達の前に現れたのです。私達世代を中心に韓国ドラマが流行ったのは、あの

赤いシリーズ
1974年から1980年にかけて、TBSが大映テレビと共同で製作・放送した合計10作品の作品群のこと。いずれの作品もタイトルが「赤い」で始まる。宇津井健、山口百恵、三浦友和などが出演。

「ぶっとんだ設定」を受け入れる素養がすでにあったからなのです！　だから「赤いシリーズ」で感動に打ちひしがれた私達世代に「冬ソナ」がガーンと突き刺さったのだと思います。

調べてみると、「赤いシリーズ」は各タイトルで全29話。そう、現在の日本のドラマより話数が多く、話数も韓国ドラマに近いのです。ありえないと思いながら、気が付くとテレビにくぎ付けになっていることも共通します（笑）。

そうして私達の「友和・百恵」が、私達の「ヨン様・チェ・ジウ」になっていったのでした。時代も国も超えて、ファンを楽しませ続けてくれるドラマには感謝の気持ちでいっぱいです。

介護疲れの気分転換に

韓国ドラマの魅力は、その世界観にどっぷりと浸らせてくれることです。突っ込みどころなんてありすぎだからいいのです。

私が義母を介護している時期がありました。夜中にトイレに連れていって、寝てるか起きてるか分からない状態の時、落ち込んでいる義母の話し相手をしていて、こちらも落ち込んでしまった時、腹立たしいことを言われた時…、いつも私のそばには韓国ドラマがありました。思い切りその世界に浸れて、ハラハラドキドキ、号泣、大笑い、なんでー！　と憤り、また、キュンキュンと疑似恋愛もさせてくれ、スッキリしたものです。

介護の気分転換には韓国ドラマです！　仕事で落ち込んだ時、家族といろいろあったりして怒った時も、韓国ドラマを観ましょう。見終わったら、その前の嫌な気分をすっかり忘れさせてくれますよ。

日韓リメイクがおもしろい

日本のドラマも韓国では人気があります。キムタクのドラマを観て、日本語の勉強をしたという方も多いです。日本ドラマもたくさんリメイクされていて人気を誇っています。私達が韓国ドラマの世界観に魅かれるように、韓国の方も韓国ドラマにはない日本の世界観に好奇心をそそられるのだそうです。

ここでリメイクされた作品のタイトルを思いつくまま挙げてみましょう。

【原作からタイトルも変わったドラマ】

「ドラゴン桜」↓「勉強の神」、「ハケンの品格」↓「職場の神」、「星の金貨」↓「春の日」、「やまとなでしこ」↓「窈窕淑女」、「Pure Soul～君が僕を忘れても～」↓「私の頭の中の消しゴム」、「ＪＩＮ―仁―」↓「Dr. JIN」、「家政婦のミタ」↓「怪しい家政婦」など

【原作と同タイトルのドラマ】

「白い巨塔」、「結婚できない男」、「花より男子」、「プロポーズ大作戦」、「花ざかりの君たちへ」、「１０１回目のプロポーズ」、「空から降る一億の星」、「最後から二番目の恋」など

韓国ドラマが日本でリメイクされることも増えてきました。例えば、「美男ですね」、

「魔王」、「シグナル」、「ごめん、愛してる」、「ＨＯＰＥ（未生）」など…。

ハリウッドドラマが韓国でリメイクされ、さらにそれが日本でリメイクされるパターンもあります。例えば「グッド・ドクター」、「グッドワイフ」、「スーツ」など。見比べると、それぞれのお国事情がドラマに入り込んでいて、とても興味深いです。

韓国ドラマの「ごめん、愛してる」は秀作で、ドラマ主題歌は中島美嘉の「雪の華」をパク・ヒョシンが韓国語バージョンで歌っています。韓国でこのドラマがヒットし、主題歌はこの韓国語バージョンがオリジナルかと思われるほど有名になっています。

ドラマの中で主人公のソ・ジソプが、生まれて初めて母親にご飯を作ってもらうシーンがあります。韓国ドラマでは、そのご飯は「ラーメン」なのですが、日本リメイク版では何になるのか話題になりました。私はラーメンかうどんではないかと推測していましたが、残念ハズレ。日本版では、雑炊（たまごがゆ）でした！　そんなお国事情による設定の違いを見比べるのも楽しいです。

映画編

一体感を味わえる映画館

韓国の映画事情は、日本と大きく異なります。

韓国の人は、本当に映画をたくさん観ます。日本と同じような大型のシネマコンプレックスが町中に数多くあります。料金は700円ほどですし、オールナイト上映もよくあります。そして何といっても、上映中に、わー！　キャー！　と観客が周りの人の目を気にせず自由に声を出すのが韓国の映画鑑賞なのです。

私が学生時代、日本で2本立て、3本立ての上映が当たり前だった頃は、上映中に観客の歓声があがったりすることもあって、まだ大らかな時代でした。今では「おお！」と思わず声が出たり、お菓子の袋のガサガサ音、携帯電話のわずかな光さえ嫌がられるという、細やかなマナーが定着していますよね。しかし、笑うところは思い切り笑って、叫び声をあげてしまうくらいの反応はいいんじゃないかなと私は思うのですけどね。

それに比べて韓国の観客の反応はすごいです。

私が初めて韓国の映画館で観た映画は、「薔花、紅蓮」（２００３年）というホラー映画でした。幽霊が出てくるあたりになると、「ほらほら、出てくるよ、あ、あ、もうすぐだ、キャー！」と心の中で思うものですが、韓国では全部、口に出して言いますからね。

「オモオモ、オモモモ…アイゴー！　オットケー！（まあまあ！　きゃー！　なんてことー！　どうしましょー！）」と観客みんなが絶叫します。一体感があって、賑やかで楽しいなと感じながら観ることができます。

韓国の映画館では日本語字幕はありませんが、雰囲気でなんとなく分かった気にもなります。自分で勝手にアテレコしてみながら観るのも楽しいです。

それでも意味が分からないことが多いので、韓国人の友達を連れて映画を観に行ったことがあります。解説してくれると思ったら大間違いでした。「今の何て言ったの？」と聞いても、「オモオモ！　アイゴー！」と映画の世界に入ってしまってますから、日本語訳なんてしてくれやしません（笑）。

そうそう、私が韓国の映画館で初めて字幕なしで観た映画は、イ・ビョンホン主演の「純愛中毒」（２００２年）でした。ビョンホンのドキドキセクシーシーンに、隣の女性ファンの方の「ゴクリッ」と生唾を飲む音が印象的でした（笑）。

周りの観客がとことん映画にのめり込んで楽しく観ている様子を目にすると、なんだか羨ましく思います。

英語字幕で上映される韓国映画もあるのですが、字幕を理解しようとすると内容に集中できないため、英語が得意な方以外はおすすめしません。

韓国映画の魅力

韓国映画の魅力を一言で表すならば「とことん！」または「直球！」です。

韓国は一定日数以上の韓国映画上映を義務づける**「スクリーンクォーター制**（国産映画義務上映制度）**」**を採り入れ、自国の映画を保護してきた経緯もあり、韓国人は

スクリーンクォーター制
自国映画の市場を保護・育成する為に、自国映画を一定の基準に従って義務的に上映させる制度。韓国映画の義務上映期間は、映画館の年間上映日数の40％以上とされている。１９６７年1月1日から施行されている。

ハリウッド映画よりも自国映画をよく観ています。大ヒット映画は「500万人が観た」というコピーが付きますし、最近では「1000万人が観た」という映画も目白押しです。韓国の人口が5100万人超ですから、大ヒット映画は10人に1人、大大ヒット映画は、5人に1人が観ているのです。本当にとことん！　なのです。

ちなみに、韓国で大ヒットした映画が日本でそのまま大ヒットになるというわけでもないですね。一方で韓国ではあまり流行らなかった映画「私の頭の中の消しゴム」は、日本で大ヒットしました。韓国ドラマも同じで、「冬のソナタ」は韓国ではそこまで視聴率は良くなかったのに、日本では大ブームになりました。

韓国と日本の好みの違い、韓国はとことん目に見えるものを求める「リアリティの追求」、日本は自由に想像させる「イマジネーションの追求」の違いではないかと思います。

では、なぜ韓国がそこまでリアリティにこだわるのか。その背景を説明しますね。

韓国では1980年代前半まで軍事政権による表現の規制が厳しく、なかなか認められませんでした。80年代後半にやっと民主化が叫ばれ社会批判的な映画も作られるようになります。これらはコリアン・ニューウェイブと呼ばれています。90年代に入ってようやく映画産業が発展し、映画監督も育ってきました。1998年、金大中《キムデジュン》大統領の文化大革命により、国をあげてコンテンツ産業に力を入れてきたのですから、それはもうハンパなく力強い映画が作られました。

「シュリ」は韓国映画というジャンルを超えて、スパイ映画の最高峰と言われるほど有名になりましたし、私が恋に落ちた「ＪＳＡ」は、前述のように国がガンガン後押しして作られた作品だったわけですね。

軍事政権下のもとでリアリズムの追求ができなかった映画制作陣は、とことんリアリズムの追求にこだわった作品作りをしていきます。

ギャーな暴力シーン！

例えば「10発殴られる」というシーンで比べてみましょう。日本映画の場合、1発殴られてから後はボコボコになったメイクで「10発殴られたんだな」と想像させる演出が基本ですよね。

韓国映画では、実際に10発殴られます。大人気の男優も女優も、殴る、殴られるシーンをリアルに演じ続け、目を覆いたくなるほど血だらけで傷だらけな暴力シーンを続けます。観終わった後はカウンターパンチをくらったようにヘトヘト、クタクタになりますので、みなさんも覚悟してご覧ください。

きゃん♡な濃厚ラブシーン！

日本映画なら、愛し合う二人が抱き合ってキスを、そしてベッドに潜り込み、ごそごそ…朝がやってきて、シーツで体を覆った目覚めのシーンに変わりますよね。(そういえばシーツで体を包む人ってこの世の中にいるのでしょうか？　美しいシーンだけど、リアルではないですよね(笑))

韓国映画では、日本でいうキムタクとかガッキーほどの大人気の俳優でも脱ぎっぷりが見事で、文字通り「体当たり」の濡れ場シーンが堂々と披露されます。胸もお尻も全裸まで見せまくってくれて、とことん！　なラブシーンも映画には登場します。とある宮廷を舞台にした映画を観た友人が「あんな体位もあるんだと勉強になったわ」と言うほどの激しいラブシーンもあります。もちろん年齢制限はあるのですが、人気俳優出演映画なので一般向けの映画館で上映されているのです。

韓国の俳優は、「映画俳優」となって一人前として認められますので、ドラマで脇役↓準主役↓主役↓ドラマ大当たり↓やっと映画主演！　が俳優のサクセスストーリーなのです。

俳優は、一つの映画でコケるとドラマの準主役ランクに落ちるので、体当たり演技で頑張られるのです。今では大人気俳優のイ・ビョンホンの作品でも、カタチのいいお尻がこれまでの作品で何度も披露されましたからね。それほど俳優のみなさんは映画作品にかける意気込みが違います。

ゲ〜な汚物シーン！

日本でも大ヒットした映画「猟奇的な彼女」のワンシーンで、主人公の女性が酒に酔って電車の中で嘔吐するシーンがあります。そのゲ○たるや、ラーメン食べたんか〜いっ！　てはっきり分かるリアルさです。日本なら、「う…」と吐きそうな顔してその場から離れて、吐いたということを想像してくださいとなりますね。

韓国映画のゲ○出現率はすごいのです（笑）。そこまで見せなくていいからと思うほど、延々吐きまくるシーンもあります。その他、人間の排泄物がいろんなシーンで見事に再現されています。確かに汚物は見たくないものかもしれませんが、本来、そんなものから目を背けて生きられませんからね。韓国はそのリアルの追求も徹底しています。もちろん、映画なので全部作り物なのですが、再現がハンパないので、観たダメージもハンパないです。そこに感動するのです。

ドラマで観たすてきな俳優達が、映画でとんでもなくドロドロとえげつないシーンを演じます。多くの日本人は背景にある韓国の映画事情を知らないと、当初の私がそうであったように困惑してしまいます。ぜひ、韓国映画の特徴を予め知ったうえで、映画をお楽しみください！

韓国映画の特徴

その他、韓国映画ならではの特徴をまとめてみます。

- 喜怒哀楽が激しい
- 話の展開が早く、最後の結末が予想しにくい。あるいはトンデモな結末が待ってい

ることがある
●恨《ハン》を背負った主人公がどん底の状態から這い上がる、克服モノが多い
●どんな悲しい物語でも巧みに笑いを盛り込んでいる
●ドラマにありがちな財閥VS貧乏の設定はあまりない。あくまで「願望」ではなく「現実」が描かれる。だから映画はやるせない…
●ドラマのようなトンデモ設定は少なく、リアルな設定が多い
●ぶっとんだシーン（アクション、カーチェイスなど）は迫力がハンパない。人々や企業も映画製作にすごく協力的なので、ロケ地のスケールもハンパない

韓国映画の歴史

韓国映画を語る上でまず外せないのが映画「アリラン」（1926年）です。「アリラン」は日本統治時代に作られたサイレントのモノクロ映画で、これまでになんと6回もリメイクされた、正に韓国映画の金字塔なのです。民謡の「アリラン」は、この映

画で歌われたことで有名になったという話もあります。

日本で韓国映画が注目されるようになったきっかけは、映画「風の丘を越えて／西便制」ではないでしょうか。韓国で初めて観客動員数３００万人を超え、日本でも観客動員数が初めて10万人を超えた韓国映画です。私より上の世代に韓国映画といえば？と聞くと、「風の丘を越えて」と答える方も多くいらっしゃいます。

２０００年代になると「シュリ」や「猟奇的な彼女」がアジア各国で大ヒットを記録。国際映画祭ではキム・ギドク監督が数多く受賞（「ピエタ」が韓国映画史上初めてベネチア国際映画祭で金獅子賞を受賞）するようになり、韓国映画は今や世界的に注目されています。

世界的に活躍する映画監督は「３８６世代」（当時30代で80年代を学生として民主化運動に参加した、60年代生まれの世代）が多く、「シュリ」のカン・ジェギュ監督、「ＪＳＡ」のパク・チャヌク監督も３８６世代です。先にも書いたように、映画の変化は社会の変化（民主化）とともに語られることが多いのです。

話題になった映画が社会を動かすこともあります。映画「トガニ　幼き瞳の告発」

（２０１２年）は、障害のある子どもを虐待していた地方の聴覚障害学校での実話をもとにした小説を映画化した作品です。兵役中の俳優コン・ユがその小説を読み、自ら映画化したいと活動して制作されました。映画は大ヒットになり、聴覚障害の子どもを守ろうとする通称「トガニ法」（障害のある女性や13歳未満の児童への性的虐待の厳罰化と公訴時効を廃止する法律）が制定されました。１０００万人が見た！　と宣伝される韓国映画ですから、社会に対する影響力もすごいのですね。

「日本」が出てくる韓国作品

ここで「日本」が登場する韓国作品を簡単に紹介しましょう。本当はおすすめしたい作品が山ほどありますが本には書ききれないので、また聞きに来てください（笑）。

・ドラマ「ガラスの華」（２００４年）

黒田福美さんがオーバーな老けメイクでイ・ドンゴンのお母さん役で登場します。日本の俳優の笛木優子（ユミン）、金子昇も出ています。

●ドラマ「IRIS―アイリス―」（２００９年）

ロケ地となった秋田の風景が美しかったですね。ビョンホンファンが秋田へどどどとロケ地巡りをいたしました。笛木優子、美山加恋、白竜も出ていました。

●ドラマ「味噌君と納豆ちゃんの結婚戦争」（２０１０年）

イム・ジュファンと秋葉里枝主演で日韓国際結婚を描いたもの。白竜、元チェッカーズの高杢禎彦も出ていました。

●ドラマ「フルハウスTAKE2」（２０１２年）

黒田福美さんが日本の主人公テイク（ノ・ミヌ）のおばさん役として出演されています。

●ドラマ「火の女神ジョンイ」（２０１３年）

女性として初めて宮廷陶工になるサクセスストーリーが描かれます。豊臣秀吉の朝鮮出兵の話も描かれるので、もちろん豊臣秀吉役も登場します。日本人の俳優さんにすればよかったのに、韓国人俳優さんが秀吉を演じています。しかも、絶対秀吉はこんなしゃべり方ではないでしょ！というセリフまわしだったのが忘れられません。のちに日本で放送された時には、日本語に吹き替えられていました。そういう意味では、ぜひオリジナル版で観てほしい作品です。

●ドラマ「華政《ファジョン》」（２０１５年）

主人公の貞明公主が、長崎で火薬製造を学ぶシーンが出てきます（フィクションだそうですが）。日本人役として大谷亮平が出演しています。この頃から私はイケメンだなと思って見ていましたが、今ではＮＨＫ朝ドラ「まんぷく」にも出演され日本でも大活躍ですね。大谷亮平は、２０

03年に韓国でダンキンドーナツのCMに出演したことが話題となり、その後韓国芸能事務所にスカウトされ、モデルや俳優もやっていました。日本人役としてはもってこいです。「ボクヒ姉さん」、「九家の書～千年に一度の恋～」、「バトル・オーシャン 海上決戦」、「神弓―KAMIYUMI―」など数多くの韓国作品に出演しています。

●映画「ホテル ビーナス」（2004年）

草彅剛がチョナン・カンとして初主演した映画（注：これは日本映画です）。日本映画なのにすべて韓国語という不思議な映画でした。チョナン・カンは日韓の大きな架け橋として話題になりましたよね。

●映画「ヨコヅナ・マドンナ」（2006年）

草彅剛が友情出演しています。リュ・ドックァン演じるぽっちゃり高校生がかわいいです。

●映画「ラスト・プリンセス―大韓帝国最後の皇女―」（2016年）

李氏朝鮮国王で日本統治下の大韓帝国皇帝・高宗の娘である王女、徳恵翁主の生涯をフィクションを交えて描いた作品。

●映画「哭声《コクソン》」（2016年）

國村隼の文字通りの体当たり演技が見どころ。韓国の映画賞を受賞するなど、韓国では評価が高いです。後味は保証しません。

●映画「隻眼の虎」（2016年）

チェ・ミンシクと大杉漣、日韓を代表する俳優が競演したことで話題になりました。大杉漣がかっこいいです。

・映画「お嬢さん」（2016年）

こちらも日本統治時代のお話で、もれなく日本が出てきます。パク・チャヌク監督作品なので過激な描写も多いので要注意です。

・映画「空と風と星の詩人〜尹東柱の生涯〜」（2017年）

韓国のみならず、日本でも多くのファンがいる詩人、尹東柱の人生を描いた伝記ドラマ。映画に出てくる詩の作品にも涙。

・映画「金子文子と朴烈」（2017年）

チェ・ヒソの日本語力が素晴らしい！　日本人が韓国語を話す発音までも完璧に再現しています。出演俳優が韓国人か日本人かの見分けがつかないほど、それぞれのセリフまわしも見事です。

韓国作品に登場する日本人は、植民地時代の「恨」の影響もあってほぼ悪役で描かれています。単純に腹を立てるのではなく、広い心をもってこれが「恨」なんだな〜と受け止めることです。日本人を悪く描くことで韓国人が心を一つにしていったということも作品からよく分かります。それでも、日本の描き方、特に2000年代のドラマは時代考証が甘くて、突っ込みどころ満載なので微笑ましく観ることができます。

最近の作品では韓国俳優が話す日本語も含めて、日本の描き方が上手くなっていることにも注目してほしいと思います。いろんなところで日韓が歩み寄っているんだと思います。

日韓タイトルが違い過ぎる

洋画の日本語タイトルにもなんじゃこりゃ、というものがあったりしますよね。韓国作品にもね、日本語タイトルを考えるチームがあれば、私もぜひ入りたいと思うくらい原題と変わったタイトルがあります。

ラブコメじゃないのに、とにかく日本タイトルはラブコメ風にされてしまいます。カタカナや「☆」、「♡」、「!?」が入ったキラキラタイトルが多いです。いくつかみてみましょう。

■日本タイトルいまいちシリーズ

- 映画「釜山行」→「新感染 ファイナル・エクスプレス」

私なら…「釜山行のKTXでパンデミック！　釜山へたどり着け」。ゾンビ映画なのに感動作！が伝わらない。「新幹線」が「新感染」ってダジャレかよ！

- **映画「外出」↓「四月の雪」**

私なら…「危険な大人の情事」。あのヨン様が！　ですもの♡

- **映画「薔花、紅蓮」↓「箪笥」**

私なら…「悲しい姉妹の物語」。「箪笥」はほぼネタバレです。

- **映画「クラシック」↓「ラブストーリー」**

私なら…「愛すれば愛するほど～母の手紙」。好きな韓国映画で「ラブストーリー」というと、どんなタイトルのラブストーリー？　と聞かれます。ややこしいっ！

- **ドラマ「お父さんが変」↓「適齢期惑々ロマンス～お父さんが変!?」**

私なら…「ワケありお父さんと家族の物語」。家族の物語であって決してロマンスではない！

- **ドラマ「応答せよ1988」↓「恋のスケッチ～応答せよ1988～」**

私なら…メインタイトルとサブタイトルが逆の方が良い。1998年（ソウルオリンピック開催年）が物語に重要だから

- **ドラマ「成均館スキャンダル」↓「トキメキ☆成均館スキャンダル」**

「☆」いらんへん？

- **ドラマ「力道妖精キム・ボクジュ」↓「恋のゴールドメダル～僕が愛したキム・ボクジュ」**

私なら…もとのまんまで良い（力道は重量挙げのこと）

・ドラマ「38師機動隊」↓「元カレは天才詐欺師～38師機動隊」
私なら…もとのまんまでいい。ネタバレだし…
・映画「好きになって（「いいね！」して）」↓「ハッピーログイン」
原題の『いいね！』して」というニュアンスからさらに遠ざかっている
・映画「思悼」↓「王の運命―歴史を変えた八日間―」
・映画「逆鱗」↓「王の涙―イ・サンの決断―」
「王」シリーズが多すぎる
・映画「春」↓「アトリエの春、昼下がりの裸婦」
タイトル的にレンタルしにくい
・映画「鳴梁」↓「バトル・オーシャン 海上決戦」
ヒーローものかっ
・映画「検事外伝」↓「華麗なるリベンジ」
・映画「兄思い」↓「戦場のメロディ」
名作なのに、定番映画の二番煎じみたいなタイトルでなんだか…。韓国映画っぽくない
・映画「情熱みたいなこと言ってるね」↓「恋するインターン～現場からは以上です！」
とにかくダサい（笑）
・映画「特ダネ：リャンチェン殺人記」↓「造られた殺人」
原題の情報が入っていない。いや、入ってない方が良いのか…？

■分かりやすくなったタイトル

・ドラマ「学校2013」↓「ゆれながら咲く花」

そのままだと山田洋二作品かと思われますもんね

・映画「国際市場」↓「国際市場で逢いましょう」

「逢いましょう」の一言で、ファン・ジョンミンの苦労が偲ばれる

・映画「キム・ジョンウク探し」↓「あなたの初恋探します」

ネタバレになってしまうじゃないですか！　でも韓国ではミュージカル作品としても大人気なのでむしろ韓国ではこのタイトルで良いんですね

・映画「解語花」↓「愛を歌う花」

・ドラマ「五本の指」↓「蒼のピアニスト」

日本人には原題のタイトルの意味を知らないと分かりませんもんね。日本タイトルは詩的になってすてき。

・映画「島」↓「魚と寝る女」

痛い、痛い、やっぱり痛い映画

・映画「家へ」↓「おばあちゃんの家」

ユン・スンホの子ども時代まじかわいい！　おばあちゃんもまじかわいい！

・ドラマ「獄中花」↓「オクニョ　運命の女」——オクニョ、頑張れなドラマ

・ドラマ「大長今」↓「宮廷女官チャングムの誓い」——チャングム、頑張れなドラマ

・ドラマ「下女たち」↓「イニョプの道」―イニョプ、頑張れなドラマ
・映画「少数意見」↓「国選弁護人 ユン・ジンウォン」―ユン・ジンウォン、頑張れな映画
・映画「大虎」↓「隻眼の虎」―虎、頑張るな映画
どれも情報量が少ない！
・ドラマ「王冠をかぶろうとする者、その重さに耐えろ～相続者たち」↓「相続者たち」
情報量が多いわ！

などなど。もっとありますが、キリがありません。

日韓合作・韓国と日本のコラボがおもしろい作品

・ドラマ「フレンズ」（2002年、ウォンビン、深田恭子他）
「トモコー！」とウォンビンに呼ばれたい人、韓国へ行けばイケメン彼氏ができるのではと思った女子多数輩出作品。日韓の愛は国境を超えると思った最初の作品ではないかと思われます。
・ドラマ「ソナギ～雨上がりの殺意～」（2002年、米倉涼子、チ・ジニ他）
ドラマ「フレンズ」に共通する、日本人女性と韓国人男性の恋愛にドキドキ！
・ドラマ「スターズエコー」（2004年、チョ・ヒョンジェ、中越典子、イ・ジュンギ他）

右に同じ(笑)

●映画「ロスト・メモリーズ」（２００２年、チャン・ドンゴン、仲村トオル他）

日本の朝鮮統治が継続しているというパラレルワールド舞台にした作品。つっこみどころ満載です。丸暗記したであろうチャン・ドンゴンの日本語セリフをお楽しみください。中村トオルとのツーショットはかっこいいです！

●映画「青燕」（２００５年、チャン・ジニョン、キム・ジュヒョク、仲村トオル、ユミン（笛木優子）他）

韓国初の女性飛行士をモデルにしたサクセスストーリで、主演のチャン・ジニョンの日本語がとても上手です。韓国では、この女性飛行士が親日家でそれを正当化する映画であるとボイコットされ、すぐに上映が打ち切られ、日本でも一般に劇場公開されなかったという残念な作品です。

●映画「素敵な夜、ボクにください」（２００７年、キム・スンウ、吹石一恵他）

主演のチャン・ジニョンは２００９年に胃ガンで亡くなり、キム・ジュヒョクも２０１７年に交通事故で亡くなりました。大好きな俳優さんを追悼する意味でも、この映画は特別です。

●映画「初恋の雪 ヴァージン・スノー」（２００７年、イ・ジュンギ、宮﨑あおい他）

「そだねー」で話題になる前、２００７年の青森を舞台にしたカーリングの話です！

日韓の愛は国境を越えるという希望を与える映画

●映画「ノーボーイズ、ノークライ」（２００９年、妻夫木聡、ハ・ジョンウ他）

脚本は渡辺あや（「ジョゼと虎と魚たち」など）。韓国側からのラブコールで実現したそうです。

「ヨボセヨ君」と呼ばれる妻夫木君がかっこよかった！

●映画「マイウェイ　12000キロの真実」（2011年、チャン・ドンゴン、オダギリジョー他）

オダギリジョー走る。チャン・ドンゴンも走る。オダギリジョーは鬼才キム・ギドク監督の「悲夢」にも出ていて、韓国でも評価が高いのです。

●映画「道―白磁の人」（2012年、吉沢悠、ペ・スビン他）

韓国で文化発展のために貢献した日本人、浅川巧のこと（詳しくは158ページ参照）をぜひ知っていただきたいです。

●映画「キミの記憶をボクにください～ピグマリオンの恋～」（2010年、キム・ジェウク、南沢奈央他）

キム・ジェウクは韓国人ですが、小学校まで日本に住んでいたので日本語の発音もとても上手な俳優さんです。

●ドラマ「赤と黒」（2010年、キム・ナムギル、ハン・ガイン、キム・ジェウク他）

NHKとSBSの合作。合作にはかかせないキム・ジェウク！

●映画「蝶の眠り」（2018年、中山美穂、キム・ジェウク）

出た、キム・ジェウク！　日韓の架け橋キム・ジェウク！　もう気分は中山美穂！

その他いろいろありますが、韓国作品の中の日本探しも楽しいですよ。

K－POP編

日本のアイドル、歌謡曲、J－POP、洋楽好きが功を奏して、私はラジオDJの仕事をしています。以前は、韓国の歌というとチョー・ヨンピル「釜山港へ帰れ」の演歌のようなイメージしかありませんでした。初めて韓国に行った2002年、テレビで歌って踊るかっこいい男性グループを観て、「ええ！　韓国アイドル、かっこいい!!」ビビビッと電流が走りました。よく電流が走るタイプです(笑)。

そのアイドルが「韓国のSMAP」、「韓国のバックストリートボーイズ」とも言われた、大人気のK－POPグループ「SHINHWA（神話）」でした。当時の韓国音楽は、ジャンルとして「ダンス（ミュージック）」と「バラード」、そして「トロット（韓国演歌）」に分かれていましたが、今では、K－POP＝アイドルのダンス（ミュージック）というイメージですよね。

韓国は文化を世界に売り出す国家プロジェクトとして、K－POPにも力を入れていたのです。その売り出し方は本当にお見事で、今では日本の音楽界でもK－POP

はすごい存在感があります。

韓国のK－POPの歴史

それでは「K－POP（ダンスミュージック、アイドル）」の変遷をみてみましょう。

1992年、それまでのバラードやトロット全盛の音楽界に革命を起こしたヒップホップグループ「ソテジワアイドゥル」がデビューしました。伝説のアイドルなので今のアイドル達も曲やダンスをカバーしていますね。

その後、H.O.T.、Sechs Kiesなどの男性ダンスグループや、女性グループS.E.S.、Baby V.O.Xなどが頭角をあらわします。

そして、1998年にSHINHWAがデビュー。彼らはデビューしてずっと同じメンバーで今も現役のグループとして活動しています！　あの熾烈な競争社会の韓国芸能界ではすごいことなのです。

韓国で初めて生で見たアイドルもSHINHWAでした。2003年に行われた「神話と一緒にm.netツアー」に、関西国際空港出発組として参加しました。島根から関空は遠いです。バスで4時間揺られ、なんばから関空まで移動したと思ったら、空港がまた広くてツアーの集合場所にたどり着くまで、ひと旅行したような疲労度でした。

そう思ったら、米子鬼太郎空港からだと国内旅行感覚であっという間に出国できるのです。地方からの直行便、万歳です。

このツアー開催時は冬ソナ放送の真っ只中でしたが、まだK－POPは注目されていませんでした。それにも関わらず、ツアーには500人ほどのファンが参加していたのです！　少しでも目立とうと、私と友達は和服を着て行きました。熟女の和服…ふふ…これで、ミヌ（SHINHWAのメインボーカル、私の推し）も見てくれるわ！

ところが、同じツアーの中に10代の3人組女子がいて、彼女達も浴衣を着てるではありませんか！　若い子の浴衣…しかも3人組。案の定そっちが注目されました（笑）。

それでも、私達はこの格好で韓国のメディアに取材されましたので、どこかの記事には載ってるはずです！（どこか知らんけど）

私は企画のクイズで正解し、「ミヌと個人撮影ができる券」をゲットしました。ミ

ヌからしたら、オモニ（お母さん）くらいの私。儒教の国ですから、年上を敬って丁寧にお辞儀をしてからエスコートしてくれました。しかも肩を抱かれスマートに引き寄せられたのです！　キャー！　間近で見たミヌの胸はきれいで、汗が光っていました。なんてきれいな汗、美しい！　と汗にさえ感動したのは、人生で後にも先にもあの時だけです。ああ、こんなに美しいミヌとのツーショット。もう悔いはない！　くらいの思いで撮影したのに…

なぜ私はこんな大事な瞬間に、おニューのデジカメなんて持って行ったのでしょう。緊張のあまり初期化してしまったのです。間近で撮影されたミヌ写真（美しい汗のキラキラ写真とか）は幻となり…何に怒ればいいのか分からないとはこのことです。でも、ミヌから肩を抱かれた感触は今も忘れていません（と思うようにしています！）。

【教訓：旅には使い慣れたデジカメを持って行きましょう】

また韓国のK－POP事情に戻りますが、１９９９年デビューのY2Kは韓国人１名と日本人２名で構成されていました。TWICEよりはるか前に日本人のメンバーも頑張っていた時代があったのです。この他Fin.K.L、ITYM、god、Click-B、Fly to the Sky、UN、JEWELRY、NRG、Sugarなども人気がありましたが、今ではほとんどのグループは解散・活動休止しています。当時のメンバーは芸能事務所の社長やプロデューサーとなり、その後のＫ－ＰＯＰ界を盛り上げていたり、人気俳優になっている人も多いです。

そして、２００３年に東方神起がデビューします。２００５年にSUPER JUNIOR、SS501、２００６年にBIGBANG、２００７年には少女時代、KARA、超新星（現SUPERNOVA）がデビューし続々日本進出へ、となっていきます。

日本におけるＫ－ＰＯＰの歴史

おそらく、冬ソナブームが起こるまで、日本で韓国のアーティストの曲を放送局が積極的に流したり話題にすることはなかったと思います。ラジオ番組をやっていた私にも、当時韓国アーティストの情報はほぼ入ってこなかったですから。一部のアジアミュージックを流す番組などはありました。韓国アルバムを日本で発売したグループもいましたが注目されませんでしたね。

K－POPの日本進出…それは、BoAから始まりました。2001年に日本デビューし、世界進出を目指したBoAはダンスと歌はもちろん、英語も日本語も勉強し、日本でどんどん人気になります。2002年には日本レコード大賞「金賞」を受賞、NHK紅白歌合戦にも初出場を果たしています。

BoAが日本芸能界に道をつけた後の2005年に、東方神起がJ－POPの新人歌手として本格デビューします。デビュー曲の「Stay With Me Tonight」は日本語のオリジナル曲でした。彼らはa-nationの前座からスタートし、地道なキャンペーンを続け、次第に日本でも人気が出ていくわけですね。2008年、2009年のNHK紅白歌合戦にも出演しました。その後、メンバー3人が抜けて2人となりましたが、現在もドーム公演を成功させています。ファンは、メンバー5人の時代を「5人神起」、2人になったら「2人神起」と分けて呼んでいたりもします。

このようにBoAと東方神起の成功に続けと、たくさんのK－POPアーティストが日本進出してきました。BIGBANG、KARA、少女時代、2PM、SUPER JUNIOR、FTISLAND、CNBLUE、超新星、SHINeeなどなど。今では、オリコンチャートにK－POPアーティストが度々登場します。２０１７年のコンサート動員力ランキング（日経エンタテインメント）では、２位がBIGBANGで、１０２・２万人、７位東方神起57・1万人、８位SHINeeで53・９万人と続いています。２０１８年は、第1位が東方神起で１２８万人、BTS（防弾少年団）が19位で37・５万人です。人気が出るとすぐにドーム公演をするK－POPアーティストですが、オリコン1位と東京ドーム公演を日本活動での目標としているのです。異国の地日本で頑張って念願のドーム公演を実現させた時、「夢が叶った」と泣くメンバーを見て、ファンも一緒に泣くのです。

全て日本語の歌詞の曲を歌い、日本語でMCを務め、全身全霊でパフォーマンスする姿。彼らの真面目な努力にはいつも感心しています。例えば、コンサート全20曲を英語の歌詞でダンスもしながら歌い、さらに英語でMCをやってごらんなさいと言われたら、ひえーってですよね。そんなことをK－POPのみなさんは実際に日本でやっているわけです。やっぱり並大抵の努力ではありません。拍手喝采です！

ちなみに、私が実際にライブ（単独コンサート＆日本や韓国でのイベントで）を観たのは…SHINWHA、1TYM、SE7EN、RAIN、東方神起、BoA、UN、BIGBANG、SHINee、CNBLUE、FTISLAND、INFINITE、EXO、イ・ヒョリ、B.A.P、GOT7、EXID、B1A4、BTS、TWICE、Wanna OneそしてVIXXなど。とにかく、ファンサ（ファンサービスのこと。ウィンクや投げキッスなど）をいっぱいしてくれて、ダンスはキレキレ、歌でうっとりとさせ、メンバーのいちゃいちゃ（歌っていないフリートークの時は男子グループも女子グループもメンバー同士でいちゃいちゃしてます）を見ているだけで、幸せいっぱい夢いっぱいになります。

ああ、これからもどんどん応援しますよ。ファイティン！

韓国における日本エンタメの扱い

一方、韓国で日本のエンタメはどのように受け入れられているかというと…日本ドラマや日本語の曲は、なかなか地上波で放送されないのが現状です。それでも、日本のアーティストではジャニーズやＡＫＢグループが大人気です。２００４年にケーブルテレビを中心に日本語音楽が解禁され、ＴＵＢＥが日本人アーティストとして初めてソウルのスペシャルカウントダウンライブに出演しました。私はパソコンの生中継でこの模様を観ていましたが、ＴＵＢＥの前田さんが「パンガウォヨ（光栄です）」と韓国語で挨拶して嬉しそうにライブをされていたことが感慨深かったです。日本人アーティストもようやく韓国でライブ公演ができるようになったのです。

また、日本の曲は韓国の歌手にも人気で、多数カバーされています。ＴＵＢＥ、安全地帯、尾崎豊などの曲が人気です。中には、オリジナルが日本の曲だと知らない韓国人も多いです。「I LOVE YOU」、「碧い瞳のエリス」、「ガラスのメモリーズ」、「キューティーハニー」、「あなたのキスを数えましょう」、「雪の華」などのカバー曲が大ヒットしています。

日本の漫画では「スラムダンク」、「ワンピース」、「名探偵コナン」、「クレヨンしんちゃん」などが人気で、アニメも韓国語で吹き替えされています。アニメ映画といえば、「君の名は。」が韓国の若者の間でも人気になり、「瀧くん！」「三葉！」と名前を呼び合う遊びが流行りました。日本映画の台詞が街中で聞こえるようになったのは、「お元気ですか」以来でしょうか（笑）。

サバイバルオーディション番組が人気！

日本のオーディション番組といえば「スター誕生」（１９７１〜７３年に放送。番組出身者は森昌子、山口百恵、ピンク・レディー、中森明菜、小泉今日子など）ですが、これは全くの素人がオーディションに合格するといきなりデビューが約束される番組でした。

韓国は違います。Ｋ－ＰＯＰスターを目指す若者の大半は、10代初めから練習生として芸能事務所と契約し、修行の日々を送ります。そしてオーディション番組を受け、デビューが決まります。TWICE、VIXX、そしてWINNERやiKON、PENTAGONなど、たくさんのグループがサバイバル番組からデビューしています。デビューできる人数は決まっていて、挑戦者は様々なミッションやパフォーマンスを披露します。ネットでファン投票もされ、最後に勝ち残ったメンバーが晴れてデビューできるという過酷な番組なのです。ですからいきなりプロのアーティストとしてデビュー時からできあがっています。すでにファンもたくさんついていますからね。Ｋ－ＰＯＰ人気のおかげで練習生の中には日本人も増えてきて、TWICEやPENTAGONなど日本人メンバーがいるグループも増えてきましたね。

オーディション番組「PRODUCE 101」では、Wanna Oneなど期間限定の大人気グループが生まれ、「PRODUCE 48」では、日本のＡＫＢ48メンバーも参加し、日韓のアイドルが競う場面もありました。その他たくさんの公開オーディション番組からグループがデビューしました。

兵役のこと

韓国の男性には兵役の義務があります。

韓流スターの入隊や除隊の様子はよくニュースになっていますよね。ファンがお見送りやお迎えに行ったりもしています。ツアー会社でお見送りツアーを行っていることもあります。最近は静かに入隊するスターも増えていますが、それでも自力で見送りに行くファンもいます。

近年、韓国軍の人員が大幅削減となり、兵役期間も短縮されました。それぞれの現役兵の兵役期間を調べると、現在では陸軍と海兵隊は18カ月、海軍は20カ月、空軍は22カ月、社会服務要員は21カ月となっています。19歳〜28歳頃までに兵役に就かねばならず、一般的には大学を休学したり、就職前に入隊したりしますが、芸能人は28歳くらいまで延期していることが多いですね。K－POPグループの場合は、メンバーの年齢がまちまちなので、2〜4年程はグループ活動休止となります。俳優の場合は、先に兵役を終えてから活動再開する人もいます。芸能人も一般の人と同じで、5週間の新兵訓練を受けたのち、各部隊に配属されていくのです。

軍の入隊式の映像をテレビで見たことがあります。まだ20歳前後の若者が見送られながら「行ってきます！」と家族のもとを去っていきます。そんな息子を遠くで眺めながら、母親が無事を祈りながら泣いている姿に、私も涙しました。私にも息子がいるので切ない気持ちがよく分かりました。

あんなにすてきで美しいスター達が、マイクではなく銃を持たねばならないのです。苦労して大学に入ったのに休学して、ペンではなく銃を持たねばならないのです。銃を持たなくていい時代になることを、願うしかありません。

兵役を終えてステージやドラマに帰ってきた彼らを見ると、精神的にも肉体的にも成長し、自信に溢れています。そしてまた、「ご苦労さまでした」と心から応援したくなるのです。

兵役による活動休止前コンサートやファンミーティングは日本でも開催してくれます。以前日本で行われたVIXXのエンさんの入隊前のファンミーティングに参加した際には、「また会いましょう」と伝えることができました（涙）。

まさか「入隊する人を見送る」という経験をするとは思いもよりませんでした。今の日本に生まれた私達にとっても貴重な体験です。そうです、韓国はまだ戦争をしている国なのです。青春時代に兵役に就く彼らの姿を見ると、やはり平和を願わずにはいられないのです。

新大久保アイドルのこと

韓流スターを目指す練習生はたくさんいますが、デビューできるのはごく一部です。大半の練習生はデビューの機会を待っている間に兵役の年齢がきてしまい、兵役後は韓国で活動する場所がないのが現状のようです。

新大久保を中心に、日本限定で活動しているK－POPアーティスト達をご存じでしょうか。メンバーは大手事務所の練習生だったり、一度はデビューしたけど残れなかった人達が大半です。彼らが活動する劇場は100人弱のホールなので、すぐそばで見ることができます。ライブに通えば、アーティストもファンのことを覚えてくれるので、身近に会えるK－POPアーティストとして頑張っています。

30歳を超えても毎日鍛えて努力している新大久保アイドル。やはり、なんだか切なくて応援したくなります。

なぜ日本進出するのか？

韓国の音楽市場は約150億円ほどと言われています。日本の約5000億円の規模と比べると、市場の大きさは歴然です。日本ではCDもDVDも写真集もチケットも売れるのです。

人気アーティストになるためには、まず日本のテレビやラジオを使って世に出るのが一般的でした。しかし2010年、少女時代の進出でインターネット上での情報発信が主流となっていきます。少女時代は日本のテレビに出ていなかったにもかかわらず、有明コロシアムには22000の人が集まり、コンサート会場が埋め尽くされたのです！　その模様をテレビが取り上げました。情報伝達の順序が変わった瞬間でもありました。

韓国の芸能事務所では、総力をあげて日本進出のためにアーティストを教育します。その他イメージ戦略、音楽制作などその道のプロが一丸となって組織的にスターを日本で売り出していきました。

近年、動画サイトの利用（アーティスト専門チャンネル、ネット配信番組、音源配信）が増えて、ワールドワイドにファンが急増していきます。テレビの露出は少なくても、ネットで知名度が上がっていくのです。パソコンの中からスターが誕生していく時代になりました。

韓流アーティストが日本語で歌う理由

欧米のアーティストは母国語で曲をテレビやラジオにかけるのに、なぜ韓流アーティストは日本語に変えるのでしょうか。韓国語バージョンを聴いて良いと思った曲でも、日本で販売されると日本語の曲になっていますよね。

K―POPブームがくるまでは、韓国語の曲は何となくメディアで披露しにくいムードがありました。韓国内でも「日本では日本語じゃないと活動できない」風潮があったようです。

ですので、韓国デビューと同時に日本デビューも視野に入れ、日本語を勉強して、日本語の曲を作って日本進出していきます。やがて、日本人のファンの中で韓国語の曲も聴きたいと思う人も出てくるようになります。ビートルズに近づくために英語を勉強しなきゃというのと同じ気持ちで、韓国語を勉強する人もかなり増えてきました。

一方、一部では「韓国語なんて」というムードが少なからず残っているのも確かです。韓国のテレビ放送では、日本語の歌詞を放送することの禁止、日本のテレビ番組の放送を禁止する法律がありますが、近年徐々に制限を緩和しつつあります。日本人が韓国アーティストのメンバー入りをするようになって状況は変わりつつあるのです。それでもまだまだ日本と韓国、両国のエンタメには微妙な距離感があるように思います。

韓国人歌手は日本で堂々と日本語の曲を歌う。
日本人歌手は韓国で堂々と日本語の曲を歌えない。
韓国語に敏感な日本人、日本語に敏感な韓国人。不思議なムードが両国にはいまだ存在しています。

「マスターニム（マスターさん）」の存在

韓国では、マスターニムと呼ばれる私設ファンサイトの代表的存在がいます。一眼レフで撮影した空港での出入国の様子や、ライブの様子などをSNSにあげたり、グッズを作ったりして広報活動を行っています。グループのメンバーそれぞれにマスターさんがいて、メンバーもマスターさんの存在を認識しています。

仁川国際空港の出口ゲートにバズーカみたいな一眼レフを持っている人がいたら（もちろん、マスコミカメラもいますけど）誰かスターが出てきますので、待っておくといいですよ。私もVIXXやWinner、キム・ウビンに遭遇したことがあります。

韓国で写真撮影の規制がないファンイベントに参加したことがあります。最前列は何時間も前から並んで場所取りされ、カメラやスマホを頭上に掲げる人、脚立持参の人もいて、まず後ろからは見えません。群衆の中を突撃してみましたが、おしくらまんじゅうの真ん中に突っ込んでいくようなものですから、手足も自由に動かすことができない中で、自分のスマホで撮影なんて、まず無理でした。結局マスターさんが撮影しているカメラの映像を（目の前にスターがいるのに）終始見ていました（笑）。

それくらい、韓国のファンパワーはすごいです！

日本で韓流ブームが起こる以前、韓国のファンクラブでは、ファンとスターで一緒にピクニックやキャンプや運動会などのイベントをするのが、いわゆるペンミ（ファンミーティング）だったんですよね。日本で韓流スターの人気が大変なことになり、多数のファンが押し寄せるようになり、こういうのどかなペンミはできなくなっていきました。現在のペンミはというと、簡単なゲームをしたり、質問タイムやプレゼントコーナー、そしてライブがあったりします。

K―POPの特徴

それではここでK―POPの特徴をまとめてみましょう。

- 公式ファンクラブ活動が盛んで、それぞれにファンクラブ名がある

アーティストは授賞式などで「ウリ○○、カムサハムニダ」（私達の○○、あり

がとうございます）とファンの方へ挨拶するのが一般的です。日本の場合、ファンクラブに入っていないファンも多いですが、韓国ではファンクラブに入ることが基本です。アーティスト毎にファンクラブの名前があるのです。例えば、TWICEは「ウリ、ONCE、サランヘヨ」（ウリ＝私達の、ワンス＝TWICEのファンクラブ名、サランヘヨ＝愛しています）とよく挨拶しています。日本公演でも「ONCEのみなさん、ありがとうございます」と日本語で言っていました。

ファンクラブ名を列記してみると…SHINWHA（神話）＝神話創造（シナチャンジョ）、東方神起＝Cassiopeia（日本ではBigeast）、2PM＝HOTTEST、少女時代＝S♡NE（ソウォン）、BIGBANG＝VIP、CNBLUE＝BOICE、SHINee＝SHINeeWORLD（シャヲル）、EXO＝EXO-L（エクセル）、VIXX＝STAR LIGHT、BTS＝ARMY、そしてTWICE＝ONCEなどがあります。それぞれのファンクラブに応援カラー（色）が決まっています。

●「カムバックステージ」、「グッバイステージ」がある

曲を発売すると「活動期」となり、とにかく音楽番組に出まくる。音楽番組出演

後はＣＤ特典（抽選）のサイン会がある。ＣＤを何枚も買って参加する日本のファンも多い。韓国でのサイン会は、アーティストと話せる貴重なチャンスなのです！

- 地方での歌番組公開イベントは多いが、地方での有料単独コンサートは少ない
- Ｋ－ＰＯＰアーティストは10代が多い

　ファンから「オッパー」（お兄さん）の掛け声多し。

- 練習生からとにかく修行

　歌やダンスはもちろん、演技、外国語、心理および人格教育、帝王学、性教育、各国の文化の違いを理解できる基本的な教養とマナーなどを学ぶ。その間の経費はすべて事務所が負担。なので売れても最初は収入が少ないようです。

- とにかくワールドツアーをする！

　日本、台湾、香港、アメリカ、南米、ヨーロッパなどなど。海外活動がスムーズに進行している背景には韓国政府の強力な後押しが関係している。もちろん、日本ツアーもチケットが取れないほどの人気。

- グループ全員揃わないイベントがある（特に地方でのイベント）

韓国のグループ活動では、ケガや病気、謹慎などによってメンバーが揃わないこともありますが、ドラマ撮影のスケジュールにより欠席、という理由でフルメンバーにならないことがある。ドラマ出演は地方のイベント出演より優先されるのが、韓国あるある。

なぜ魅かれるのか

というわけで、エンタメの魅力を散々紹介してきましたが、なぜ私達はこれほど韓流スターに魅かれるのでしょうか。

まず、日本でデビューしたばかりの頃の日本語がとにかくかわいい！ たどたどしく「ありがとごじゃいます」、「ふたちゅじゅちゅ（ふたつずつ）」という発音にファンはときめきます。決してバカにしているのではなく、優しい気持ちになるんです。韓国語には日本語の「つ」「ず」「ぜ」の発音がありませんので、そのような発音になるようです。

やがて、日本での活動が長くなるにつれ、日本語も上手になって「いつも、ありがとうございます」と滑らかに言えるようになるのです。その成長に、また心ときめくのです。逆に、アイドルグループSugar（２００１〜０６年）のメンバーだった鳥取県出身のアユミ（日本ではICONIQ＝伊藤ゆみとして活動）の話す韓国語が、たどたどしくてかわいいと韓国で人気になったこともありましたね。

また、男性グループの場合は、兵役までの期間限定の活動という「儚さ」が魅力につながっていると言っていいのではないでしょうか。

兵役後のダンスグループは、全員でカムバックしても元通りの活動がなかなかできないことが多いので、兵役に行くまでが勝負なのです。兵役からカムバック後のアーティスト達は、日本で活動したり、ソロ活動や俳優活動に比重を置くようになります。

女性アーティストに兵役はありませんが、スタイルやルックス、ダンスも歌も完璧を求められるK－POP界ですから…どうしても期間限定になってしまいます。

やはり、期間限定の儚さが、韓流スターの魅力になっているのです。

유람선회
조개구이
유람선
조개구이
회집
유람선회집
월미은하레일

おがっちが出会った
〝韓国あるある〟

❶ 国境が見える場所

日本に住んでいると国境を意識することってないですよね。韓国と北朝鮮の国境を見ることができる場所に行ってみることもおすすめです。予め申し込みが必要なツアーや、写真撮影制限のあるところもありますが、自由に行ける場所もあるのです。

- **板門店（JSA）ツアー**…旅行サイトから事前申し込みが必要（時期によっては見学不可）。18ページ参照。
- **DMZ（非武装地帯）＆第3トンネルツアー**…旅行サイトから事前申込が必要。

北朝鮮が韓国侵攻のために秘密裏に掘った第3トンネル（地下73m、幅2m、高さ2m、全長1.6㎞）。ヘルメットを被り、荷物も持たずに、軍事境界線200mのところまで歩いていくことができます。DMZ展示館や映像館もあります。

都羅山駅は韓国最北端の駅で、次の北朝鮮の開城駅までは15㎞ほど離れた場所にあります。観光列車DMZトレインで行くこともできます。都羅展望台からは北朝鮮の様子を直接自分の目で見ることができます。臨津閣平和公園は、韓国の一般人が来ることのできる北朝鮮に最も近い場所でもあります。ここはかつて朝鮮戦争の激戦地だったそうですが、今では公園となり、和解と共生、平和と統一を象徴する、誰もが気軽に訪れやすい場所になっています。

おがっちが出会った
“韓国あるある”

• 江華平和展望台（仁川市江華島）

江華湾を挟んだ対岸に位置する北朝鮮の黄海北道まで、直線でなんと2.3㎞、開城工業団地までは18㎞の距離にあります。展望台の望遠鏡（500ウォン）を覗くと、北朝鮮の人が田んぼを歩いている姿が見えました。故郷が北朝鮮にある離散家族が、先祖に祭祀を行えるように望拝壇が設置されていました。

• 烏頭山統一展望台（坡州市）

ソウルから北へ車で50分ほどの場所にあります。事前申し込みも必要なく、写真撮影の制限もなく、韓国人でも外国人でも入ることができます。展望台は漢江と臨津江の合流地点にある高台にあり、望遠鏡で北朝鮮の様子を見ることができます。ここで北朝鮮で自転車に乗っている人がはっきり見えました。韓国と北朝鮮、本当にこんなに近いの!?　と驚きでした。不思議なマスコットがいたり、壁画に羽根などの絵が書いてあるなど、緊張感の少ない、比較的和やかな雰囲気の場所です。

• 江陵統一公園（江原道江陵市）（125ページ参照）

国境を見ると、韓国はまだ戦争をしている国で、悲しい分断の歴史があるのだということを実感します。国境は歴史を学ぶ場所でもあり、平和と統一を願う場所でもあります。国境見学は、普段味わうことのできない貴重な体験になります。

❷ 晩ご飯の後に「チメ」（チキン＆ビール）

韓国の人はよくお酒を飲みます。

韓国ドラマでは、屋台でソジュ（焼酎）を小さなグラスに入れて、グビッと飲むシーンも多いですよね。日本では、焼酎をお湯などで割ることが多いですが、韓国ではストレートで飲むのが基本です。そして、何といってもマッコリ！　本場のマッコリはお酒に弱い私でもグビグビ飲めます。アルコールの入った乳酸菌飲料みたいで美味しいです。日本で飲むマッコリとは味が違います。やっぱり本場で飲むマッコリが最高です！　韓国のお酒は種類も豊富なので、いろいろ試してみるのもおススメです。

さて、日本ではお酒を飲みながら、あるいはしっかり飲んでからご飯を食べるという人も多いのではないでしょうか。一方、韓国で私がホームステイした家では、ご飯を食べた後に飲みに出ることが多かったです。食事中はワインやビールを軽く飲むほどで、その後、「チメ」に行きます。チメとは、チキンの「チ」、ビール（韓国語でメクチュ）の「メ」をあわせて、チメ（チキン＋ビール）という意味です。「チメク」と呼ばれたりもします。

韓国にはチキンのお店が多く、地方にもたくさんあります。ごちそうをいっぱい食べた後でも、チメでは山盛りのチキンが出てきます。そんなに油っこくなく食べやす

おがっちが出会った“韓国あるある”

いのです。

韓国独特の甘辛のヤンニョムチキンはとっても美味しいです。近年はチーズチキンが流行っていて、チーズパウダーがしっかり振りかけてあるのに、さらにチーズソースをかけて食べるヘビーなチキンです。

そんなチメですが、カフェの様なおしゃれな雰囲気のお店も多いです。ぜひ有名な韓国料理だけでなく、地元の方に愛されるチメを体験してみてはいかがでしょうか？

❸ 韓国の祭祀《チェサ》のお話

韓国には「祭祀《チェサ》」（日本でいう法事）があります。私のホストファミリーのボンスンさんの、ご主人の命日に執り行われた「チェサ」を見させていただいたことがあります。

ボンスンさんの息子のテフンさんの話では、「亡くなった人の霊は、夜中に来ます。午後11時にチェサをやります」とのこと。え？ そんな夜中に？（本来は午前0時だそうですが、次の日のこともあるので、最近は早めにしたりするそうです）

午後8時頃に夕飯を食べ、そのあと話をしながら、時間になるのを待ちます。午後11時になると、男性達が祭壇を作り始め、屏風、位牌などが置かれます。女性達が作ったお供え物がそこに順に並べられます。精進料理ではありません。大きな魚や肉もありました。果物、お菓子、ナツメ、お餅、ナムル、ジョン、ご飯などもあります。そしてなんと、私がお土産に持ってきた「島根ワイン」が中央に置いてあります！ 珍しいものが大好きなおじいさんが喜んでいるでしょうと言っていただきました。さらに、お供え物の中にはお土産の「かにせんべい」もありました。いいの!?

お供え物が並ぶと、男性達が一人ずつ礼をします。続いて、女性達も礼をします。お酒をお供えし、ご飯にスプーンを立てて、戸を閉めて礼をします。この間に亡く

なったおじいさんがいらしてお召し上がりになっているそうです。その後、また戸を開けて次はスープをお供えして、みんなで礼をします。このように、何度か礼をして終わります。日本の法事のように住職さんがお経をあげるのではなく、家族みんなで亡くなられたおじいさんにお食事を差し上げてもてなすといった感じでした。祭祀が終わると、どんどん片付けられます。片付けも早いですね。始まって終わりまでが20分ほどでした。珍しいもの好きなおじいさん、持ってきた日本のワインやかにせんべいを美味しく召し上がっていただけたかなーと私も心で礼をさせていただきました。

　チェサのやり方は家庭によって様々だそうです。テフンさんが、「韓国の伝統文化に触れるいい機会だから」と私もお邪魔させていただき、貴重な体験をさせてもらいました。

　このチェサの料理は、次の日も、その次の日も美味しくいただきました。

❹ 食べろ、食べろコール

～胃薬飲んででも食べろ

「マニモゴ（たくさん食べなさい）」

韓国の人には挨拶代わりくらいの言葉だそうですが、とにかく「たくさん食べろ食べろ」と言われます。食べている真っ最中でも、もっともっと食べなさいと言われます。あれも美味しい、これも美味しいと食べていると、わんこそばのようにキムチなどが出てきます。

韓国にお嫁にいった友人の話では、お腹が痛くなりもう食べられないと言ったら、胃腸薬を買ってきて、さあもっと食べなさいとシオモニ（お姑さん）に言われたそうです。本当に胃を壊して、当時は笑い話どころじゃなかったそうです。残すと悪いと思う日本人にとっては、大変なことです。

逆に、日本に来た韓国人のお嫁さんが、親戚の家で「たくさん食べなさい」と言われ、全部食べたところ、後でお姑さんに「ほんとに全部食べるものじゃない」と叱られたという話もあります。日本人の「たくさん食べなさい」は嘘なの？　と聞かれたこともあります。日本人特有の奥ゆかしさ、少し残しておく謙虚な姿勢…と説明しても、なかなか分かってもらえなかったですね。

また、「ご飯食べた？」も、韓国の友人に会うと必ず聞かれます。食べたと答えて

おがっちが出会った“韓国あるある”

も、どこかでご飯食べましょうと言われちゃいます。親しくなればなるほど、いっぱい食べて健康でいてほしいという気持ちになるそうです。そのくらい韓国人にとって「食」は大切なものなんですよね。

それから、食堂やカフェなどで、注文の品を持ってくる時に必ず「マシッケトゥセヨ（美味しく召し上がってください）」と言われます。日本ではこういう表現を使いませんよね。店員の愛想はないですが、こんな優しい言葉はしっかり言ってくれます。

日本とは異なる「温かさ」を感じることができるのも、韓国の良いところではないでしょうか。

❺ ドタキャンが多いが、逆も然り

私の経験上、韓国では時間をきっちり守られないことも少なくありません。韓国の人と会う約束をしていたのに、ドタキャンになったことがこれまで何度かありました。「また明日電話します」と言われて、電話はかかってこないことも多いですが、別の日にどんどんかかってくることも多いのです。その人の都合のいい時間に。

約束をやぶるということではなく、そもそも日本の「約束」とは少しニュアンスが異なる気がします。「相手を思いやる」ということより、自分の都合がこうだから、と合理的（？）な考えに基づいて行動されているような。

人と会う約束をする場合、日本だと「〇人で行きます」とか、「友達を連れていきます」と予め言うことが多いですよね。相手に心構えをしてもらう、思いやりだと思います。

以前、韓国の人と待ち合わせをしていて、1人で来るものと思ったら、まさかの5人の友達を連れて来られたことがあります。お土産を1つしか用意していなかったので、困りました。

先に言ってよ～と思いますが、私に友人達を会わせたかった、みんなでご飯食べたかったと言われるので、結局嬉しいわけです。最近では急に何人来てもオッケーなよ

おがっちが出会った
“韓国あるある”

うに、お土産を数個忍ばせていることが多いです。

もちろん「約束」という韓国語もあって、なんと「ヤクソク」と発音するのです!!

❻ 困ったときの合言葉「トワジュセヨ」

2015年10月に行った2回目の江原道ツアー（詳しくは130ページ参照）では、江原道知事のチェ・ムンスンオッパーが、平昌オリンピック成功祈願も兼ねてK－POPコンサートにいらっしゃい！　とお誘いをいただき、駆け付けました。

江原道旌善《チョンソン》という、ソウルからバスに揺られて3時間以上かかる山の中のリゾート地に大ステージが組まれ、1万人ほどが参加したド派手なコンサートでした。私の大好きなVIXXやBTS、SHINeeなども出演し、最後には花火がどっかーんと上がって、それはそれは賑やかで大盛り上がりでした。

私はツアーではなく、自力で公共交通機関とタクシーを利用してソウルから会場の旌善までやって来たのでした。これだけの大イベントですから、帰りはシャトルバスとかタクシーもあるだろうと思っていたのです。

コンサートが終わり、1万人が帰っていきます。ほとんどがツアーバスの団体様で、地元の人にはお迎えの車が来ていました。で、私は…周りを見渡しても「シャトルバス」も「タクシー乗り場」の表示も何もありません。

風がひゅーっと舞い、「オットケー？（どうしよー）」、トワジュセヨー！（助けてください）」と叫ぶと、心優しきお兄さんが日本語で「どうしましたか？」と聞いてく

おがっちが出会った“韓国あるある”

ださいました。

「シャトルバスとかは来ないんでしょうか？」と言うと、そのお兄さんは一生懸命探してくれました。

　すると、ポツンと一台のバスがあるではありませんか。ですが、行き先も書いてないし、シャトルバス乗り場とも何も書いていません。お兄さんが運転手さんに確認してくれて「これがシャトルバスです」と教えてくれました。誰も乗ってないけど。運転手さんに3回くらい行先を確認して、無事に乗ることができました。

　ちなみに、韓国の地方で行われる大きなイベント会場では、入り口やシャトルバスなどの表示がほとんどありません。困って走り回っている日本人をよく目にしますのでご注意を。

　これまでも旅行中に何度か、「トワジュセヨ」と言う場面がありましたが、みんな助けてくれました。困った時の合言葉、「トワジュセヨ」です。

❼ フィギュア、ドデカイ箱物好きな韓国

韓国の歴史館や記念館には、必ずと言っていいほどフィギュアが数多くあります。そもそもその箱物（建物）がドデカイってのもあるんですが、中では等身大のフィギュアが山ほど展示されています。

その展示フィギュアが朝鮮戦争の歴史や、分断の歴史、捕虜収容所の様子や浦項市名物クァメギも説明してくれるのです。ああ、どこに行っても等身大。つくづくフィギュアが好きなんですね。だから、すぐに慰安婦像や徴用工像なども作ることができるんだなと思います。日本の歴史館や記念館にも、小さなフィギュアやジオラマで説明する展示もありますが、基本的にはパネルや現物（レプリカ）展示で説明されてますよね。島根県の竹島資料室には竹島の模型が置いてありますが、韓国では地下鉄駅構内など、そこかしこに「独島の模型」が置いてあります。島根県の駅には置いてないですね。なんでしょう、この違い。とにかくビジュアルで！　っていう感じなのでしょ

映画「チング」のワンシーンフィギュアになぜかウルトラマンとスパイダーマン、と私

おがっちが出会った
“韓国あるある”

うか。やはり「目に見える形」にすることで刷り込まれていくんでしょうか。

その他にも、リアルなフィギュア展示のある施設が韓国のあちこちにあります。坡州市のヘイリ芸術村の「韓国近現代史博物館」や、仁川市の「水道局山タルドンネ博物館」、慶州の「近代史博物館〜思い出のタルドンネ」などです。「タルドンネ」とは、月の町＝月に届きそうなくらい高い位置にある貧民街のことで、昔は韓国のいたるところにありましたが、都市開発が進み次第になくなっていったそうです。この慶州の「近代史博物館〜思い出のタルドンネ」では、1950〜60年頃の貧しい頃の生活の様子が町ごと再現されているんですよ。学校、病院、映画館、商店街、民家、公共トイレなど、「町」のいたるところに等身大のフィギュアが佇んでいます。実際に、当時の学校の制服を着ることもできます。一緒に行った韓国の人でも、昔の制服や帽子を被ってテンションが上がっていました。このレトロ感溢れるフィギュアの歴史館や博物館は、とにかく独特の雰囲気でおもしろいです。さすが、フィギュア大好き！　フィギュア天国！

ぜひフィギュア溢れる町にも行ってみてください。韓国の「リアリティの追求」のすごさを味わうことができますよ！

❽ 年上は敬うが、お客は敬われない

韓国は儒教を重んじる国なので、年上をとにかく敬います。自分より一日でも年が上であれば「敬語」を使いますし、どんなことでも年長者が優先されます。俳優の黒田福美さんからお聞きしたのですが、韓国ドラマの撮影は、主役（出番の多いシーン）から始めるのではなく、年齢が上の人から順に撮影していくこともあるようです。食事の際は、年長者が食べ始めてから自分も箸をつけないといけないそうです。お酒の席でも年長者の前では横を向いてグラスを隠し、目立たないようにして飲みます。

これだけ礼儀を重んじる国なので、お店のお客さんも敬ってくれるかと思いきや…日本のお店の場合、閉店前の「蛍の光」などを聞くと、「ああ、早くレジに行かないと」と焦りますが、少々時間が過ぎてもお会計してくれたり、買い物ができますよね。さりげなく閉店時間を知らせてくれて、思いやりを感じます。

ところが私が行った韓国のお店では、閉店時間10分前になると、スタッフがどんどん片付けを始めるではありませんか！（もちろん蛍の光などの合図もなく）「もう閉店時間？　早く買い物をすまさなければ！」と慌ててレジに向かおうとするも、もうレジを閉めましたので！　という空気を出されました。仕方なく元にあった場所に品物を返している間にも、「早く出てください」という視線を感じます。

おがっちが出会った“韓国あるある”

買う気のあるお客さんでも、時間を過ぎると締め出されるのが韓国です（おがっち調べ）。私が店員さんより年長者でもあっても、です（笑）。ですので、時間に余裕をもって買い物をすることをおすすめします。日本のような「お客様は神様」扱いはないと、予め思っていた方が良いです。そうすることで、変に嫌な気分になることもなくなりますから。そんなもんだという心構えが大切です。もちろん、すごく親切にしてくれるお店もありますよ♪

❾ 定食屋さんのパンチャン（おかず）の多さ

韓国の食堂で、「焼き魚定食」を注文したとします。はいはい～と焼き魚＋パンチャン（おかず）＝野菜を使った副菜（キムチ、カクテキ、ナムル、サラダなどのあえ物、炒め物、煮物、蒸し物、焼き物など）が、これでもかと出てきます。私は練り物の唐辛子和えとか、小魚のナッツ炒めみたいなものが好きです。

さらには、定食の味噌汁も付いているのに、テンジャンチゲなどのグツグツ煮えたぎった小鍋も出てきます。しかもお代わり自由です。韓国の食堂あるあるです。

このオール無料、お代わり自由制度はすごくて、日本の牛丼チェーン店も撤退したほどです。日本式では、漬物やサラダ、味噌汁にまで全部別料金がついているのが当たり前ですもの。韓国から帰国後、日本の韓国料理店や焼き肉店に行っても、キムチやサンチュが有料なのに驚いてしまいます。ああ、日本はそうだったと。

韓国料理には「五味五色」という東洋の食文化が根幹にあります。これは陰陽五行節に基づくもので、木・火・土・金・水の五行思想からきています。「酸味・苦味、甘味、辛味、塩味」が五味、「青（緑野菜）、赤（唐辛子）、黄（卵黄）、白（卵白）、黒（海苔）」の五色をバランスよく組み合わせることで、健康が保たれると言われて

おがっちが出会った〝韓国あるある〟

います。

　というわけで、どしどし出されるパンチャンですが、残してもいいのです。本当に全部を食べていたら胃がもちません。お店でも家庭でも、残していいんだそうですよ。

　韓国では人を誘って大人数で食事をするのが一般的なので、料理は2人前以上が基本です。もちろん1人で入店してもいいですが、1人では食べきれない量が出てくるのです。

　これまでは、1人で気軽に入れるようなお店は少なかったのですが、「一人酒男女」（2016年）というドラマが放送され、「韓国人でも1人で食事したり、お酒を飲みたいんだ！」というシーンが話題になりました。近年では、ドラマ人気に伴っておひとりさま文化も定着してきました。一人旅の方でも安心して韓国を楽しめますよ♪

⑩ 韓国の「コングリッシュ」にご用心！

韓国では、日本でよく使われる外来語をそのまま話しても通じないことが多いです。意味は英語なのに発音が韓国式、つまり韓国語の外来語として独自の言い方と発音があって、「Korean（韓国語）」＋「English（英語）」＝「コングリッシュ」と呼ばれています。日本人旅行者が旅行先で戸惑う要因の一つにもなっています。

例えば、「バスターミナル」→「ポストミノル」、「ハンバーガー」→「ヘンボゴ」など…、英語のネイティブ発音ともまた違うようです。

「コングリッシュ」にはいろんな法則があるようなので、新たに覚えるのもいいかもしれません。カタカナで簡単にコングリッシュを紹介します。

【Fの音はPで発音する】 例：Wi-Fi→ワイパイ、コーヒー→コピ

【母音アは、エと発音する】 例：タクシー→テクシ

【ア行＋長音は、オの発音になる】 例：コンピューター→コンピュト

【トやドで終わる場合はトゥ、ドゥと発音する】 例：アパート→アパトゥ

【最後のク、グは発音しない】 例：ショッピング→ショピン

その他の特徴として韓国語では長音を伸ばさないので、ツ→チュ、ザ→ジャ、ズ→ジュ、ゼ→ジェ、ゾ→ジョ、という発音になったりもします。

おがっちが出会った“韓国あるある”

余談ですが、仁川自由公園にマッカーサー（GHQ総司令官として、朝鮮戦争でソウルを奪還する仁川上陸作戦を指揮したことでも有名。映画「仁川上陸作戦」は日本タイトル「オペレーション・クロマイト」として映画化もされています）の銅像が建っているのですが、韓国人はマッカーサーのことを「メカタ」と呼んでいます。メカタさんって誰だね？　と考えてしまいました（笑）。

また、K－POPアーティストの発音も韓国とは若干違いますよね。VIXX（ビックス）→ビクス、CNBLUE（シーエヌブルー）→シエンブル、FTISLAND→エプティアイレンドゥ、SUPER JUNIOR（スーパージュニア）→シュポジュニオ（ちなみにスーパーマンは、シュポメン）、BIGBANG（ビッグバン）→ビッベン、東方神起→トンバンシンギ（あ、これは漢字ですから漢字の韓国語読みをしています）、防弾少年団→バンタンソニョンダン（これもコングリッシュじゃなかった（笑））

韓国では、ファンが集まる情報交換サイトがあり「カフェ＝カペ」といいます。「ファンカフェ＝ペンカペ」ですね。日本からも一生懸命韓国語を勉強して、韓国のペンカペに登録している人も多いです。

あと、よく使う言葉としてはサンキュー→テンキュ、オーケー→オケなどでしょうか。一応、「法則」ということで紹介しましたが、あるようでない法則です。実際に聞いて覚えるのが一番です。

⑪ コンサート会場に欠かせない「米花輪」

韓国のファンは、献身的に且つ徹底的に大好きなスターのために尽くします。好きなスターがドラマに出れば、現場にケータリングのコーヒートラックがやってきます。実はこれがファンからの差し入れなのです！　誕生日となれば、地下鉄の目立つところに「Happy Birthday ○○」とメッセージ広告を出したり、ラッピングバスを走らせたりします。日本だとレコード会社が出すような大きな広告ばかりです。

また、韓国のコンサートやミュージカルに行って驚いたことがあります。一般的に公演会場には、花輪や生花などが飾られますよね（最近の日本でのK－POPコンサートはバルーンが多いですが。時にそのバルーンをスター本人が手にしてステージに出てきたりするのです！　きゃあっ♡）。

韓国では、米花輪（サルファファン）というものが飾られるのです。米花輪は文字通り、花輪＋米俵（米袋）です！　おおよそ米10kgで10万ウォン（約1万円）だそうで、写真やリボンなどの装飾代がプラスされます。このお米は、イベント終了後にスターの名前で福祉団体や児童養護施設などへ寄付されるのです。

今や韓国にとどまらず世界中にファンがいる韓国スター。日本や世界中のファンからもお祝いを送ることができるように、海外から米花輪業者の代行サービスも充実し

おがっちが出会った
“韓国あるある”

ています。

スターの名前で慈善活動が行われ、サポートしたファンも社会貢献ができるということで、とてもいいことだと思います。

ちなみに、米花輪は日本のコンサートでも対応可能とのことで一部のファンは贈っているそうです。といってもまだまだ普及していないので、私が目にするのはバルーンが多いです。

おわりに――これからの日韓のこと

この本を出版したいと動いていたころ、ある人からこんなふうに言われました。

「わざわざこんな勇気のいることしなくても。なぜ波風たてるの？　あなたがやらなくてもいいんじゃないの？　家で韓ドラ観て仲間内で楽しんでいればいいじゃない？」

確かに家で韓ドラを観ているだけでも幸せなのですが、それでいいのか？　いえ、良くなかったのです。

「韓国のつどい」や講座をやってみて感じたのですが、日韓問題で心を痛めている人が本当に周りにたくさんいました。

「夫が韓国のことが嫌いで、韓国ドラマは音を消して観ている」

「韓国語の勉強をしたいのに、韓国語以外の言語にしろと親に言われる」

「BTS問題など韓国の悪いニュースが出るたびに、韓国の人はみんな日本が嫌いなんだぞと友達に言われた」

「インターネットには韓国の悪いことばかり書いてあるし、自分がSNSに韓国好きと書いたら攻撃された」

など、一方的に非難されて落ち込んでいる人達がいました。

私は「大丈夫ですよ。韓国の人は日本が嫌いじゃないですよ。私が見てきましたから」と伝えています。韓国の何でもが好きというわけではありません。「それはいけんわ」とクールに見ている時もあります。ただ、実際に触れ合ってきた韓国の人達は本当にいい人ばかりだったので、自信をもって言えることなのです。みなさん安心した表情にはなりますが、まだまだ不安で自分が言い返せないもどかしさを感じているようでした。やはり、私は家で韓ドラ観ているだけではなく、声を上げていかないといけないのだと思いました。

たしかにSNSでの攻撃は怖いです。私も攻撃に打ちのめされ、落ち込んだ日もありましたが、もう恐れていては何も始まりません。

私は声を上げていきます。

自分の目でものを見て判断しましょう。知りたいという好奇心と、人と人とのつながりでここまで来たのですから、今、私は大きな声で伝えることができるのです。

今の日本人の若い人達のＫ－ＰＯＰの人気は大変なもので、ライブ会場などの現場の熱量たるやとんでもないです。彼ら、彼女達にとっては、アーティスト、メイク、ファッション、ダンス、歌、インスタグラムに発信されるライフスタイルなど、すべてが憧れであり目標なのです。私の周りでも、韓国へダンス留学、語学留学している人、したい人が何人もいます。彼らは冬ソナブーム以降に育った世代です。親から子へ、お隣さんを愛する気持ちが伝わっているのでしょうか。


私が韓国を知り始めた頃からすると、かなり情勢が変わってきました。

２０１８年４月、北朝鮮の金正恩委員長と韓国の文在寅大統領が、ＪＳＡ板門店（私が最初の韓国ツアーで行った原点）の境界線を笑顔で握手しながら飛び越えた瞬間、いろんな思いが溢れました。

南北分断の歴史、朝鮮戦争、南北融和、日韓に横たわる問題、大好きなスターが兵役に就かねばならない国、我が子が兵役に就く国。愛想はないけど、情が厚く、せっかちだけど、とにかく「たくさん食べなさい」と食べさせてくれて、ケンチャナヨ(大丈夫)精神だけど涙もろくて、なんでもストレートで大げさで、帰る時は、手作りお餅やキムチや五味子茶をいっぱい持たせてくれ、毎回涙ながらに見送ってくれる…。

そんな愛する韓国の人達が幸せでいてほしいと願わずにはいられませんでした。いろんな角度から見て、知って、話をきいて、自分の足で歩いて、自分が感じてほしいです。旅をして、触れてみること。自分の目で確かめ、感じること。

韓流に出会い、心も体も元気になった人がたくさんいました。寝たきりの80代の女性が、ヨン様に会いたい一心でリハビリし、自分の足で歩きイベントに参加できるようになったとか。親の介護で疲れ果て、自分が病に倒れそうになった時、韓国ドラマを観てストレス解消できるようになり、元気に介護ができるようになったとか。夢もやりたいことも見つからず、学校へ行く気もなくなっていた高校生が、K－POPに感動して自分もダンスを習ったり韓国語を勉強するようになり、活き活きと学校へ通うようになったとか。

私が韓国のことに携わってから、こんな言葉にも出会いました。
K－POPコンサートでの日本の高校生の言葉
「これから私達が仲良くしていく！　問題がどれだけ深くても解決していく！
だって、愛する彼らの国だもの！」
おがっちの韓国さらん公開講座に参加した年配の男性の言葉
「昔、差別して悪かったな」
韓国で出会ったおばあさんの言葉
「戦争はもう嫌だよ。あなた達は自由に仲よくしなさいね」
国家間の言い分はありますが、一人ひとりはまた違います。政治では埋められない溝を、文化・音楽・民間交流で埋めていきたいと思います。
私は韓国エンタメが大好きで、その背景が知りたくなり、その国が知りたくなり、そこに住む人のことを知りたくなって、18年間韓国との交流を続けてきましたが、今でもやっぱり韓国エンタメが大好きなんです。好きなものを好きと言えない今の日本と韓国。好きなものは好きと大声で言いたい。笑顔で大好き！　という思いでみんなが交流できたら、いろんな問題も良い方に向かっていくんではないでしょうか。好きなものを思い切り好きと言える日韓でありますように。

作家の村上春樹さんはこのように語っています。

「文化の交換は国境を越えて魂が行き来する道筋。他国の文化に対し、たとえどのような事情があろうとしかるべき敬意を失うことはない。魂が行き来する道筋を塞いでしまってならない。その道筋を作るために多くの人々が長い歳月をかけ、血のにじむような努力を重ねてきたのだから」(2012年9月28日　朝日新聞朝刊より)

主張しすぎな韓国人、配慮しすぎな日本人。お互い敬意をもってコミュニケーションを続ければ、きっと心が広がると思います。

ありがとう。감사합니다.(カムサハムニダ)

そんな言葉がこれからもずっと行き来しますように。

ありがとう。감사합니다.

本の出版にあたって

この本を出版するにあたって、また韓国交流活動において、ご支援＆ご協力をいただいた皆さま、いつもいつもアツく応援してくださっている皆さまに感謝します。

クラウドファンディングReadyforの出版プロジェクトをご支援いただいた皆さま、担当者の皆さま、本当にお世話になり、ありがとうございました。

ホストファミリーのキム・ボンスンさんご一家、パク・テフンさん、キム・ミギョンさん、パク・スビンさん、パク・ジンヒョクさんはじめ浦項の皆さま、ユン・ヨンスクさん、オ・スンファンさん、パク・ケスクさん、韓国の情報を教えてくださった元松江市国際交流員のイ・スネさんはじめ韓国の国際交流員の皆さま、「おがっちの韓国さらん公開講座」にゲストで来てくださった先生方、講座スタッフの浜村由紀子さん、福田育子さん、東條千夏さん、仙田和子さん、今田歩美さん、生和慶子さん、山崎美沙さん、森山真由美さん、追分久美子さん、いつもミーティングさせてもらっている浜ちゃん本店、講座開催でお世話になったNPO法人松江サードプレイス研究会の皆さま、A&Mの高澤真奈美さん、本当に本当にありがとうございます。

私の韓国との交流活動にいろいろとご尽力いただいた島根県、鳥取県、松江市の関係者ならびに韓国担当の皆さま、チェ・ムンスン知事はじめ江原道の皆さま、江原道観光事務所の皆さま、浦項市の関係者の皆さま、エアソウル山陰支店の皆さま、本当にありがとうございます。

ボンスンさんとのご縁をつないでくれて、ホームステイに誘ってくれた藤岡良子さん、「ＪＳＡ」を観ようと薦めてくれて韓国へも一緒に旅した森山喜代美さん、よくぞ私に声をかけてくださいました。大大感謝です！ その後もいろいろありがとう。

また、エフエム山陰の皆さま、「おがっちのレトロ本舗」リスナーの皆さま＆スタッフの皆さま、ビョンホンサイトの皆さま、韓国サランヘ会の皆さま、「おがっちの韓国さらん公開講座」参加者の皆さま、「カルチャースペースさらん」韓国のつどい参加者の皆さま、在日本大韓民国民団島根県地方本部の皆さま、いつもいつもありがとうございます。末本シーワー瑞恵さん、杉本昌子さん、桑原智栄子さん、錦織良成さん、小野亮さん、ノグチアツシさん、いつもいっぱい力をくれてありがとうございます。出版の相談に乗ってくれた田中輝美さん、天国の松本邦弥さん、おかげさまで本の出版にこぎつけることができました。たくさんの感謝の気持ちを送ります。

そして、韓国で日本で私と触れ合ってくださった方々、感動を分かち合ってくださった方々、お話を聞かせてくださった方々、私を応援してくださっている皆さま方、心よりありがとうございます。

敬愛する黒田福美さん、いつも行く先を照らしてくださって感謝します。

親愛なる浜田真理子さん、講座を始める時も本を書く時も、軽やかに励ましてくれて、その気負わぬ平常心にも勇気づけられました。ありがとう。

韓国の扉を開いてくれたイ・ビョンホンさん、いつも夢を見させてくれるVIXXのエンさんはじめ、韓国スターの皆さまのおかげで幸せな時間を過ごすことができています。진심으로 감사드립니다.

ウリ家族（マイファミリー）、だんだんね。ありがとう。

イラストレーターのたかはしちかえさん、鮮やかなビビンバのようなイラストをたくさん描いてくれて、そして、いつも励まして笑わせてくれて、とってもとっても感謝感謝です！

谷口印刷の皆さま、船越洋子さん、制作担当の永島千恵子さん、デザイナーの宮廻由希子さん、お世話になりありがとうございます。そしてハーベスト出版の沖田知也さん。私の本の企画書を読んで「面白いです！ 本にしましょう！」と笑顔で言ってくださってから、クラウドファンディングの準備・達成までの相談役、そして原稿を読んでは「面白いです！」と私の気分をいつもアゲてくださり、くじけそうになると「頑張りましょう！」と爽やかな笑顔で励まし続けてくださいました。こう見えて小心者の私は、あなたなしではここまでたどり着けませんでした。本当にありがとうございます。

そして、この本を手に取ってくださったすべての方々に心から感謝します。

ありがとう＆감사합니다.

Special Thanks！

クラウドファンディング「ラジオＤＪおがっちが見てきた本当の韓国を伝える本を出版したい」にて、「本にお名前を掲載」のリターンをご購入いただきました。本当にありがとうございました！

（敬称略、順不同）

株式会社エフエム山陰 様

合同会社A&M音工房 様

追分久美子
上田雅康
藤岡良子
浜田真理子
新名谷尚枝
結城豊弘
田中輝美
沖田久美子
川田量子
中尾禎仁
荒木哲也
松戸禮子
森山真由美
末本シーワー瑞恵
前田美知恵
香川由美
櫻井鏡子
@izumo_ben
とし
福井栄二郎
日山弘子
津森　仁
遠藤春美
上原いずみ
大坂　愛
比田　誠
清水由紀子
中岡みずえ
西川京子
坂本　満
佐々木和男
中島泰司
船越洋子
伊藤　恵
森田　勉
門脇　永
渡部多恵子
赤い人@大阪
小畑タカ子
松林めぐみ
今岡克己
荒木千浪
多久和優美
㈲飯塚豊市商店
林　繁幸
森本愛架
竹内絹恵
平郡達哉
錦織良成
加藤さゆり
村上龍太郎
李 誠 愛
中山優子
森田一平
大島由美
金子哲郎
山本比呂子
池上絵梨佳
岡田志保
ellen
内田千裕
きたに内科クリニック
高澤真奈美
野津真弓
中島雅子
青山美保子
馬庭　裕
佐瀬淳子
武田慶子
高橋　寛
須山美玲
井手範子
伊藤孝広
深田加代子
川越由紀子
古屋智恵美
藤原智三
望月志保
香取　薫
熊井悦子
浜村由紀子

おがっち（小片悦子）

島根県出雲市生まれ。大阪でタレント活動後、山陰へUターン。エフエム山陰の契約アナウンサーを経て、ローカルフリーアナウンサーへ。パーソナリティを務めるエフエム山陰のラジオ番組「おがっちのレトロ本舗」は、2001年に民間放送連盟大賞最優秀賞獲得。ドラマ・アイドル・韓国芸能情報などに精通し、韓国との交流活動は、2001年から続けている。「おがっちの韓国さらん公開講座」など、韓国のことを文化を通じて学ぶ講座も主催。企業、学校、各種団体向けのコミュニケーション講座、話し方教室なども行っている。

交流の場「カルチャースペースさらん」も運営中。

https://www.ogataetsuko.com

[参考文献]

安部裕子(2005)『韓国テレビドラマコレクション 完全版』株式会社キネマ旬報社

チェ・ジュンイ、クォン・ソニ(2012)『韓国人の日本人街村―浦項九龍浦で暮らした』図書出版アルコ

韓国観光公社編(2017)『韓国の旅ガイド』韓国観光公社

本文に登場する状況や情報は、2019年当時のものです。

おがっちの韓国さらん本

本当に知ってほしい！ 韓国の話

2019年 3 月28日　初版第１刷　発行
2019年12月30日　初版第２刷　発行

著者：おがっち

発行：ハーベスト出版
島根県松江市東長江町902-59
TEL0852-36-9059　FAX0852-36-5889
E-mail harvest@tprint.co.jp
URL https://www.tprint.co.jp/harvest/

印刷製本：株式会社谷口印刷

定価はカバーに表示してあります。
落丁本、乱丁本はお取替えいたします。

Printed in Japan
ISBN978-4-86456-296-6 C0026